C.H.BECK WISSEN

Der kleine Staat Israel, der 1948 als sicherer Hafen für Juden aus aller Welt gegründet wurde, ist heute wirtschaftlich und militärisch stark – und hat doch nicht zur erhofften Normalität und Sicherheit gefunden. Noam Zadoff erzählt die Geschichte des Landes von der zionistischen Einwanderung über die Konflikte mit den arabischen Nachbarn und der palästinensischen Bevölkerung bis zur Gegenwart und zeigt, welche Auswirkungen die zentralen Ereignisse auf Kultur und Gesellschaft hatten. Eine erfreulich sachliche Einführung für alle, die dem kleinen Land voller Widersprüche nicht gleichgültig gegenüberstehen.

Noam Zadoff, geboren 1974, ist Assistenzprofessor am Institut für Zeitgeschichte der Universität Innsbruck. Zuvor war er Professor für jüdische Studien in Bloomington (USA). Forschungsaufenthalte und Gastprofessuren in Jerusalem, Berlin, Berkeley, Heidelberg und Zürich sowie verschiedene Preise (zuletzt der Jonathan Shapiro Award for Best Book in Israel Studies) belegen sein internationales Renommee.

Noam Zadoff

GESCHICHTE ISRAELS

Von der Staatsgründung bis zur Gegenwart

C.H.Beck

Mit 8 Abbildungen und 2 Karten

Bildnachweis

Seite 16: © Bildarchiv Pisarek/akg-images; *31:* © Heritage-Images/ Jewish Chronicle Archive/akg-images; *38:* © ullstein bild/TopFoto; *86:* © Government Press Office of Israel; *90:* © picture-alliance/dpa; *99:* Jerusalem Cinematheque, aus: Amy Kronish/Costel Safirman: Israeli Film. A Reference Guide, Westport 2003, S. 30; *114:* Aus: Doreet LeVitte Harten: Die neuen Hebräer. 100 Jahre Kunst in Israel, Berlin 2005, S. 446; *117:* Jack Shainman Gallery New York, aus: Noa Roei, Civic Aesthetics. Militarism, Israeli Art and Visual Culture, London u. a. 2016, S. 42

Karten: Peter Palm, Berlin

Originalausgabe

www.chbeck.de
Satz: C.H.Beck.Media.Solutions, Nördlingen
Druck und Bindung: Druckerei C.H.Beck, Nördlingen
Reihengestaltung Umschlag: Uwe Göbel (Original 1995, mit Logo), Marion Blomeyer (Überarbeitung 2018)
Umschlagabbildung: Die israelische Flagge, © picture alliance/Winfried Rothermel
Printed in Germany
ISBN 978 3 406 75755 6

myclimate

klimaneutral produziert
www.chbeck.de/nachhaltig

Inhalt

I. West und Ost: Der Zionismus in Traum und Wirklichkeit 7
1. Erste Schritte in Europa 10
2. Die Etablierung des Jischuws in Palästina 13
3. Gefährliches Dreieck: Juden, Araber, Briten 21

II. Aus dem Meer geboren: Die Entstehung eines nationalen Ethos 30
1. Unabhängigkeit und Nakba: Der Krieg von 1948 . . . 31
2. Sabras und Flüchtlinge: Die Entstehung zweier Narrative 39

III. Vom Schmelztiegel zur Mosaikgesellschaft 49
1. Jüdisch und demokratisch: Religion und Staat in Israel 50
2. Zentrum und Peripherie: Ein Einwanderungsland . . 57
3. Nationalismus und Sozialismus: Kibbuz 63
4. Vernichtung und Erneuerung: Erinnerung an den Holocaust 68

IV. Territorium und Grenzen 1967–1977 75
1. Der Sechstagekrieg (Junikrieg) 76
2. Altneues Land 82
3. Erste Risse im Konsens, Schock und politische Wende 88

V. Verschwindende Grenze und Polarisierung der Gesellschaft 1977–1995 98
1. Das Friedensabkommen mit Ägypten 100
2. Tauben: Der erste Libanonkrieg und die Geburt der Friedensbewegung 105
3. Militär und Zivilgesellschaft: Die Erste Intifada, Friedensprozess und politischer Mord 111

VI. Gemeinsam und getrennt: Araber und Juden in Israel seit dem Jahr 2000 . . . 121
1. Die Zweite Intifada . . . 124
2. Palästinenser und Siedler im Westjordanland . . . 129
3. Kooperation statt Konfrontation . . . 133

Zeittafel . . . 137
Literaturhinweise . . . 141
Personenregister . . . 143

An einer offenen Tür hängt ein Schild «Geschlossen».
Wie erklärst du das? Jetzt
ist die Kette los an ihren beiden Enden: Es gibt keinen
Gefangenen und keinen Fänger, es gibt keinen Hund
und keinen Herrn.
Die Kette wird sich langsam in Flügel verwandeln.
Wie erklärst du das?

Jehuda Amichai, Jerusalem 1967

I. West und Ost: Der Zionismus in Traum und Wirklichkeit

Der 14. Mai 2018 war in Israel ein besonderer Tag. Siebzig Jahre zuvor hatte David Ben-Gurion als Oberhaupt einer provisorischen Staatsregierung im Stadtmuseum von Tel Aviv die Unabhängigkeit des Landes proklamiert. Nach Ablauf des britischen Mandats erklärten fünf arabische Länder Israel den Krieg, und ihre Truppen überquerten die Grenze zu Palästina. Damit nahm der israelische Unabhängigkeitskrieg seinen Anfang, der zwar zur endgültigen Errichtung eines jüdischen Staates führte, aber auch den Beginn des palästinensischen Exils markierte. Seit damals hat sich Israel sehr verändert und entwickelt: gesellschaftlich, technologisch und geographisch. Deshalb bot das siebzigjährige Jubiläum für viele Israelis reichlich Grund zum Feiern. Doch der 14. Mai 2018 war auch deswegen ein besonderer Tag, weil die zufälligen Ereignisse in seinem Umfeld auf ungewöhnliche Art und Weise die Widersprüche und Komplexitäten spiegelten, die den Staat Israel seit 1948 begleiten.

So hatte das Land zwei Tage zuvor, am 12. Mai 2018, den Eurovision-Song-Contest zum vierten Mal in seiner Geschichte gewonnen. Das preisgekrönte Lied von Netta Barzilai mit dem Titel «I'm not Your Toy» beschwört «die göttliche Schönheit einer jeden Frau». Seine musikalische Basis bildet die Misrachi-Musik, in der sich westliche und arabische Motive vermischen. In dem Song wird die aktuelle Botschaft der «MeToo»-Bewegung mit einer oberflächlich zelebrierten Leichtigkeit kombiniert, die von sich behauptet, die Grenzen von fixen Mustern (Gender, Musikstil, Nationalität) zu überwinden. In Europa wurde Nettas Auftritt als «innovativ und als ein Symbol für Diversität» wahrgenommen, wie etwa der österreichische *Kurier* am 14. Mai kommentierte. Auch dem amerikanischen Präsidenten Donald Trump war seine Präsenz in Jerusalem an besagtem Unabhängigkeitstag wichtig und er demonstrierte sie damit, dass die USA als erster Staat genau in diesem Moment die Heilige Stadt offiziell als Hauptstadt Israels anerkannten. Jerusalem war in der Zeit von 1949 bis 1967 zwischen Israel und Jordanien aufgeteilt gewesen, und der östliche Teil der Stadt wird bis heute von den Palästinensern als ihre Hauptstadt reklamiert. Trump torpedierte diesen 1980 von der UNO entschiedenen Status quo, in dem er die amerikanische Botschaft von Tel Aviv nach Jerusalem verlegte. Damit vertiefte er die Kluft zwischen Israelis und Palästinensern weiter und disqualifizierte die USA als möglichen Vermittler zwischen den Konfliktparteien. Diese beiden Ereignisse reflektieren eine Spannung, die an die Zeit vor der Gründung des Staates erinnert und sich schon in der zionistischen Ideologie nachweisen lässt: der Wunsch, den jüdischen Staat im Nahen Osten zu errichten, aber gleichzeitig Teil des Westens zu bleiben und sich dabei auf die Unterstützung großer Mächte zu verlassen.

Weniger als 90 Kilometer entfernt von Jerusalem, an der Grenze zum Gazastreifen, fanden indessen an eben diesem 14. Mai 2018 große Protestveranstaltungen von Palästinensern statt, die das Leben im belagerten Gaza nicht mehr akzeptieren wollten. Die Demonstrationen hatten schon am 30. März begonnen, am sogenannten Tag des Bodens, der jährlich seit 1976 als Protest gegen die Enteignung arabischen Bodens durch Israel begangen wird. In diesem Jahr aber demonstrierten die Einwohner des Gazastreifens gegen die nun schon 13 Jahre andauernde Blockade, die Israel zusammen mit Ägypten seit der Machtübernahme des sunnitisch fundamentalistischen Terror-Regimes der Hamas verhängt hatte. Am Tag der israelischen Unabhängigkeit, dem gleichen Tag, an dem die Palästinenser ihrer Katastrophe – der Nakba – gedenken, eskalierten die Unruhen, nicht zuletzt auch infolge der Ereignisse in Jerusalem. Dem Aufruf der Hamas, an der Grenze zu demonstrieren, folgten mehr als 35 000 Menschen. In den Auseinandersetzungen mit der israelischen Armee wurden 61 Menschen getötet und mehr als 1200 verletzt. Die gewalttätigen Vorfälle stellten die demonstrative Festlichkeit der Verlegung der amerikanischen Botschaft infrage. Sie sind das Ergebnis des langjährigen Zerwürfnisses zwischen Israelis und Palästinensern und der Unfähigkeit aller Beteiligten, eine Lösung zu finden, um das Leiden auf beiden Seiten zu beenden.

Am gleichen Tag erschien ein Bericht in der Tageszeitung *Haaretz* über den Besuch von Zehntklässlern im Kulturzentrum der säkularen Stadt Kfar Saba. Die Schüler sahen sich ein Theaterstück zur Thematik der aktuellen Migration junger Israelis nach Berlin an. Zu ihrer Überraschung wurden die Jungen und Mädchen angehalten, getrennt voneinander zu sitzen. Neben säkularen Gymnasien waren auch Kinder aus zwei religiösen Schulen gekommen, deren Gefühle durch die unmittelbare Nachbarschaft von Schülerinnen und Schülern nicht verletzt werden sollten. Dieser Vorfall löste bei Eltern und Kindern heftigen Protest aus und machte wieder einmal die langjährige Spannung zwischen Religion und demokratischem Staat sichtbar.

Hinzu kam noch die sogenannte Tzafit-Katastrophe in der Negev-Wüste am 26. April des gleichen Jahres. Der tragische Vorfall offenbarte auf dramatische Weise das zerstörerische Potential des Klimawandels für die Region. Obwohl, ungewöhnlich für die Jahreszeit, stürmisches Wetter angekündigt war, unternahm an diesem Tag eine Gruppe von 25 Schülern und Schülerinnen eine Wanderung in ein Wadi, einen ausgetrockneten Flusslauf, der sich nach starken Regenfällen in kurzer Zeit in einen reißenden Wildbach verwandeln kann. Eine mächtige Flutwelle überraschte die Gruppe, durch die zehn Kinder ums Leben kamen, wobei die Ursache für die Fehleinschätzung nicht endgültig zu klären war. Aufgrund des Klimawandels werden solche Stürme in den letzten Jahren immer heftiger und treten ungewöhnlich spät in der Regensaison auf. Israels ökologisches

System ist inzwischen sehr labil geworden, und die aktuellen Veränderungen, wie das allmähliche Austrocknen des Toten Meeres, erhöhen den Druck, die gesamte Region als eine geographische Einheit wahrzunehmen, trotz der politischen Grenzen, die sie zerteilen.

Diese völlig unterschiedlichen Ereignisse, die beinahe parallel stattfanden, stehen für die Spannungen, die Israel seit siebzig Jahren begleiten, und markieren die Herausforderungen, mit denen sich die israelische Gesellschaft konfrontiert sieht. Das Ziel des vorliegenden Buches ist es auch, diese Dissonanzen, Unüberbrückbarkeiten und paradoxen Intentionen in den Vordergrund zu stellen und zu analysieren.

1. Erste Schritte in Europa

Die Geschichte des Staates Israel beginnt im Europa des 19. Jahrhunderts mit dem Aufstieg des Zionismus zur jüdischen Nationalbewegung. Der Begriff «Zionismus» beinhaltet einen der biblischen Namen Jerusalems – «Zion» – und reflektiert die traditionelle religiöse Sehnsucht der Juden nach Jerusalem, die in ihren Gebeten täglich mehrfach und an Festtagen in rituellen Formeln ihren Ausdruck findet. Gleichzeitig wurden diese Beteuerungen fast zweitausend Jahre lang aber nie als Aufruf zur Aktion verstanden, vielmehr blieb Jerusalem, von einzelnen Fällen abgesehen, bis zum Ende des 19. Jahrhunderts zumeist ein imaginärer Ort in der jüdisch-religiösen Welt.

Durch den mühsamen Prozess von Aufklärung, Säkularisierung und Modernisierung der jüdischen Gemeinden in Ostmitteleuropa kam es nur langsam zu Veränderungen. Der Aufstieg der Vernunft als Maßstab für die Wahrnehmung der Realität öffnete schließlich auch für Jüdinnen und Juden Wege in die Mehrheitsgesellschaft. Sie wurden nun allmählich als Bürger und Bürgerinnen ihrer jeweiligen Staaten akzeptiert und ihr Judentum als eine Konfession unter anderen betrachtet. Doch hierin begründet lag auch ein Problem, da die jüdische Religion sich nicht als eine Konfession im üblichen Sinne versteht. Traditionell reglementieren 613 Gebote alle Bereiche des jüdischen

Alltags und dienen als unsichtbare Mauer zwischen Juden und Nichtjuden. Säkulare Juden, die die traditionelle Welt verlassen hatten, gerieten in einen inneren Zwiespalt: Oft wurden sie ermutigt zu konvertieren, oder aber sie blieben trotz fortschreitender Säkularisierung im Kontakt zur eigenen Tradition und damit auch innerhalb der unsichtbaren Mauern der jüdischen Gemeinschaft. Mit wachsendem Nationalismus fanden Juden und Jüdinnen immer weniger Platz in der Gesellschaft. Immer wieder wurde von ihnen verlangt, ihre Loyalität als Individuen zum nationalen Kollektiv zu beweisen.

Während Juden in Westeuropa vor einer geistigen und kulturellen Krise standen, die aus der Desillusionierung über den Prozess der Emanzipation resultierte, traf es diejenigen im Osten viel direkter. Im Zarenreich durften sich Juden seit dem Ende des 18. Jahrhunderts nur im sogenannten Ansiedlungsrayon an der Westgrenze des russischen Kaiserreiches niederlassen. Da Aufklärung und Modernisierung die meisten dieser Gebiete nur langsam und eingeschränkt erreichten, behielten jüdische Gemeinden ihre traditionellen gesellschaftlichen Strukturen. Als 1881 Zar Alexander II. ermordet wurde, kam es im südlichen Teil des Rayons von April 1881 bis Mai 1882 zu heftigen Pogromen. Dadurch entstand an verschiedenen Orten parallel eine Bewegung, die sich Chibbat Zion (Zionsliebe) nannte. Die Initiatoren waren jüdische Intellektuelle aus dem Mittelstand, welche die Idee vereinte, Palästina – das Land Israel – zum Ziel einer jüdischen Migrationsbewegung zu machen, nachdem ein jüdisches Leben in Osteuropa nicht mehr möglich schien. Eine der zentralen Figuren war Leon Pinsker, ein junger Arzt aus Odessa, der 1882 das Pamphlet «Autoemanzipation» veröffentlicht hatte. In deutscher Sprache verfasst, ermutigte es die jüdischen Gemeinden, mit der Auswanderung nach Palästina ihr Schicksal in die eigenen Hände zu nehmen. Tatsächlich lösten die Pogrome von 1881/82 eine massive Migrationswelle aus, in deren Verlauf ca. 2,5 Millionen Jüdinnen und Juden den Ansiedlungsrayon verließen. 99 Prozent wanderten allerdings nach Nordamerika, Südamerika, Südafrika und Westeuropa aus, nur ein Prozent entschied sich für das Land Israel. Hierbei handelte es sich um die ersten Anhänger eines politisch motivierten Zionismus.

Die Idee, dem europäischen Judentum eine nationale Heimstatt im Land Israel aufzubauen, existierte in verschiedenen Formen im Europa des 19. Jahrhunderts. Doch allein Theodor Herzl ist es zu verdanken, dass aus der Idee des Zionismus eine Bewegung wurde. 1860 in Budapest geboren, zog er schon im jugendlichen Alter nach Wien, wo er Journalist wurde. Ab 1894 und bis zum Ende seines Lebens widmete er sich obsessiv seinem zionistischen Wunschtraum. Beeinflusst von dem Antisemitismus, den er in Wien und in Paris erlebte, zog er unermüdlich von Ort zu Ort und von Treffen zu Treffen und versuchte auf der Grundlage von Diplomatie und Verhandlungen ein Territorium als «Heimstätte» für das jüdische Volk zu erkämpfen. Wie andere zionistische Denker befasste sich Herzl intensiv mit der Frage nach dem einenden jüdischen Element. Nach so vielen Jahrhunderten in der Diaspora schien ihm, als gebe es wenig, was etwa Juden in Mitteleuropa mit Juden im Jemen verbinde. Dies betraf die Sprache, das traditionelle Essen und sogar die Physiognomie. Aber um eine Nation, ein Volk aus dieser Vielfalt zu schaffen, musste man das verbindende Element finden. Für Herzl war jede Definition von Natur aus negativ: Juden werden als solche von außerhalb etikettiert, durch Antisemitismus und Hass. In seinem programmatischen Buch von 1896 *Der Judenstaat* schrieb er: «Wir sind ein Volk – der Feind macht uns ohne unseren Willen dazu, wie das immer in der Geschichte so war. In der Bedrängnis stehen wir zusammen, und da entdecken wir plötzlich unsere Kraft.» Während die Gründe für Herzls Festlegung unter den historischen Umständen verständlich waren, kann man im Blick zurück ein beunruhigendes Element darin erkennen: Wenn die Definition nur durch den Feind erfolgt, braucht man immer einen Feind, um das verschiedengestaltige Kollektiv als eine Einheit zu erhalten.

1897 fand auf Herzls Initiative hin der erste zionistische Kongress in Basel statt, eine Einrichtung, die seitdem wie ein Parlament im Exil funktionierte und unregelmäßig in verschiedenen europäischen Städten tagte. Dort wurden die Möglichkeiten und Probleme im Prozess der Verwirklichung des Zionismus unter Delegierten und Parteien diskutiert. Am Ende des ersten Kongresses stand das «Basler Programm» und darin als Ziel des Zionismus «die Schaffung einer öffentlich-rechtlich gesicherten Heimstätte in Palästina».

Die Gründung des Staates Israel 1948 verlieh Herzl, der 1904 mit 44 Jahren an einer Herzkrankheit gestorben war, die Rolle eines Propheten, der – wie der biblische Moses – das jüdische Volk bis an die Tore des verheißenen Landes geführt hatte, doch selbst nicht hinein durfte. Nur seine Gebeine wurden seinem Wunsch entsprechend nach Israel überführt und auf einem Hügel bestattet, der seitdem seinen Namen trägt und bis heute ein Erinnerungsort und Militärfriedhof ist. Die Nachricht von Herzls Tod hatte die zionistische Bewegung jäh und unerwartet getroffen und tiefe Trauer ausgelöst. Aber gleichzeitig sahen viele seinen frühen Tod als Appell, die zionistische Vision in die Realität umzusetzen und nach Palästina auszuwandern.

2. Die Etablierung des Jischuws in Palästina

Im zionistischen Narrativ wird die Einwanderung in das Land Israel «Alija» (Aufstieg) genannt. Diesem Namen wohnt eine moralische Botschaft inne, denn sie ist so etwas wie ein Mandat für jeden Juden. Schließlich ist in der jüdischen Tradition die Rückkehr zum Land Israel mit der messianischen Zeit verknüpft. Von Beginn der zionistischen Bewegung bis heute gibt es Spannungen zwischen den messianisch-religiös motivierten Einwanderern und denjenigen, die sich die Ziele des säkularen Zionismus auf die Fahne geschrieben haben. Die Geschichtsschreibung zählt fünf jüdisch-zionistische Migrationswellen nach Palästina vor der Gründung des Staates im Jahr 1948. Wie jede Periodisierung ist auch diese künstlich, ein historiographisches Konstrukt, das aber hilft, die verschiedenen Phasen beim Aufbau des Jischuws – der jüdischen Gemeinschaft in Palästina – besser zu verstehen.

Die erste Alija (1882–1904) begann als Reaktion auf die Pogrome in Russland und als Teil der massiven Auswanderungsbewegung aus Osteuropa in den Westen. Nach Palästina gelangten in dieser Zeit ca. 30 000 Juden. Palästina war damals unter der Kontrolle des Osmanischen Reiches, das sich in einem langen Prozess des Verfalls befand. Die Ankömmlinge waren in der Regel einfache, religiöse Familien, die weder das Land kannten noch Erfahrung mit landwirtschaftlicher Arbeit hatten. Während sich viele in den Städten niederließen, gründeten einige, vor allem diejenigen, die der zionistischen Chibbat-Zion-Organisation angehörten, eine neue Siedlungsform – die «Moschawot». Darin ging es um Landwirtschaft und ländliches Leben auf der Basis zionistischer Ideale, und der dafür benötigte Boden wurde arabischen Besitzern abgekauft. Die erste Moschawa war Petach Tikwa («Beginn der Hoffnung»), heute eine Großstadt östlich von Tel Aviv. Weitere 30 Moschawot-Projekte folgten in den Jahren der ersten Alija. Die Siedler, die sich mit vielen finanziellen Schwierigkeiten konfrontiert sahen, wurden von Baron Edmund de Rothschild massiv unterstützt. Als dies schließlich zum Verlust ihrer Souveränität führte, kehrten etliche von ihnen nach Europa zurück.

Während der zweiten Alija (1904–1914) wanderten etwa 35 000 Juden aus Osteuropa nach Palästina aus, zum einen aufgrund neuer Pogromwellen in Russland, zum anderen aber auch von zionistischem Enthusiasmus getrieben, der sich nach dem Tod Herzls 1904 noch verstärkte. Die zweite Alija brachte ein neues Element ins Land, weil sich darunter junge Frauen und Männer befanden, die neben ihrer zionistischen Überzeugung auch vom Sozialismus geprägt waren. Sie strebten danach, eine gerechtere jüdische Gesellschaft aufzubauen und ein neues Ideal des jüdischen Menschen zu erschaffen, das dem Bild des Exiljuden gänzlich zuwiderlaufen sollte: stark, aktiv, selbstversorgend – ein Proletarier. Einige von ihnen siedelten in noch unkultivierten Gegenden Palästinas, die an der Peripherie des Jischuws lagen. In diesen kleinen Siedlungen, die «Kwuza» (Gruppe) hießen, lebten die Mitglieder ohne Privatbesitz und folgten – in Kombination mit landwirtschaftlicher Arbeit – Idealen von sozialer Gerechtigkeit. Mit den Jahren sind die «Kwuzot» zu Kibbuzim geworden, deren Gründung oft auch der militärischen Sicherheit dienten. Der erste Kibbuz, Degania, entstand 1910 an den Ufern des Sees Genezareth. Hier entfaltete sich das Ethos des «Chaluz», des jüdischen Pioniers, der das Land durch seine Arbeit erobert. Doch das schwierige Leben in den neuen Siedlungen hatte auch seinen Preis. Harte Arbeit, schlechte Ernährung, Krankheiten wie Malaria und der Verlust der Privatsphäre bildeten einen direkten Gegensatz zur Herkunft der jungen Migranten, die oft aus bürgerlichen Familien kamen. In den «Kwuzot» gab es vergleichsweise viele Fälle von Depression und Selbstmord, und mehr als die Hälfte der Chaluzim verließ Palästina wieder.

Eines der zentralen Elemente in der zionistischen Verwirklichung war zudem die Entwicklung einer gemeinsamen Sprache, um aus den zerstreuten jüdischen Gemeinden eine Gesellschaft zu schaffen. Im Gegensatz zum Jiddischen, das als die Sprache des Exils wahrgenommen wurde, arbeiteten zionistische Intellektuelle an der Erneuerung und Modernisierung der hebräischen Sprache. Für viele Migranten war Jiddisch die natürliche Umgangssprache, was häufig zu Konflikten führte. Im Zusammenhang mit der Etablierung des Hebräischen als Sprache des Jischuws war die Gründung der ersten jüdischen Technischen Hochschule in Haifa – des Technions – ein wichtiger Schritt. Aus praktischen Erwägungen hatte man sich zwar für Deutsch als Unterrichtssprache an der neuen Institution entschieden, nach heftiger Kritik und Boykottdrohungen diverser zionistischer Organisationen wurde die Entscheidung 1914 jedoch zurückgenommen und die Unterrichtssprache auf Hebräisch umgestellt. Diese (ur-)alte Sprache im Alltag zu sprechen wurde zu einem Ideal, und so mussten sich diejenigen, die in der Öffentlichkeit noch Jiddisch oder eine der europäischen Sprachen benutzten, kritische Bemerkungen wie «Iwri – daber Iwrit!» («Hebräer, sprich Hebräisch!») anhören. Gleichzeitig fehlten im Hebräischen allerdings viele Fachbegriffe, die man aus dem Deutschen entlieh und die bis heute angewendet werden. So finden sich im hebräischen Wörterbuch Bezeichnungen wie «Dübel», «Isolierband» oder «Spachtel».

Mit dem Ausbruch des Ersten Weltkrieges versiegte die Ein-

Luftbild des Moschaw Nahalal. Die 1921 gegründete Siedlung wurde von dem deutsch-jüdischen Architekten Richard Kauffmann nach dem europäischen Ideal der Gartenstadt geplant.

wanderung nach Palästina und setzte erst 1918 mit der dritten Alija wieder ein. Die größte Veränderung im Land in den Jahren des Krieges war die Eroberung der Region durch die englische Armee. Von 1923 bis 1948 galt das britische «Mandat» des Völkerbundes über die Gebiete des heutigen Israel und der Palästinensischen Autonomiebehörde sowie Jordanien.

Demographisch betrachtet war die dritte Alija eine Fortsetzung der vorigen Migrationswelle. Durch die russische Oktoberrevolution 1917 motiviert, strebten jüngere Frauen und Männer danach, eine neue, jüdische und sozial gerechte Gesellschaft aufzubauen. Die infrastrukturelle Basis, die durch die Vertreter der zweiten Alija gelegt worden war, diente als Grundlage für die Verbreitung und Stärkung der Kibbuzim-Bewegung und bildete die Voraussetzung für die Schaffung einer neuen landwirtschaftlichen Siedlungsform, des Moschaw. Anders als die Moschawa aus der Zeit der ersten Alija, die ein privates Unterfangen war, war der Moschaw eine Kooperative mit gemeinsamer wirtschaftlicher Basis, in der aber im Gegensatz zum Kibbuz jede Familie eine wirtschaftliche und soziale Einheit für sich blieb.

Im Moschaw Nahalal, der 1921 gegründet wurde, reflektiert die Architektur die Ideologie. Das vom deutsch-jüdischen Architekten Richard Kauffmann nach dem europäischen Ideal der Gartenstadt geplante Dorf sieht von oben wie eine Sonne aus. In deren Fokus steht das Zentrum des Dorfes, im ersten Kreis um den Kern sind die Häuser der Mitglieder der Kooperative angeordnet, hinter denen sich ein breiter werdender Streifen Land mit Feldern und dem landwirtschaftlichen Besitz jeder Familie erstreckt.

Dieses Dorf ist zum Symbol der zionistischen Verwirklichung geworden, unter anderem auch, weil einer der Söhne der Gründergeneration Moshe Dayan war, der als General und Verteidigungsminister während des Sechs-Tage-Krieges eine zentrale Rolle spielte. Nahalal befindet sich im Jesreeltal, das zwischen dem Carmel-Gebirge und den Bergen Galiläas liegt und das Mittelmeer mit dem Jordantal verbindet. Die Besiedlung dieser Region war eine der zentralen Bestrebungen der zionistischen Bewegung in den 1920er-Jahren. Neben Nahalal wurden Kibbuzim wie Ein Charod (1921), Beit Alfa (1922) und Mishmar Haemek (1921) gegründet. Eine wichtige Rolle dabei spielte die Schaffung einer territorialen Sequenz von jüdischen Siedlungen, die die geopolitische Realität beeinflussen sollte. So wurden die Ideale der Besiedlung des Landes mit dem Bedürfnis nach Sicherheit unter dem Motto zusammengebracht: Eine Hand hält den Pflug und die andere das Gewehr.

Die sogenannte Balfour-Erklärung, ein Brief, den der britische Außenminister Lord James Balfour im November 1917 an Lord Lionel Walter Rothschild richtete mit der Bitte, ihn an die zionistischen Organisationen weiterzuleiten, verstärkte die Emigration nach Palästina. Die darin ausgedrückte wohlwollende Haltung der britischen Regierung gegenüber der «Errichtung einer nationalen Heimstätte für das jüdische Volk in Palästina» weckte trotz ihrer diplomatischen und formalen Reduktion – mehr als Sympathie für die zionistischen Ziele wurde nicht geäußert – fast messianische Gefühle in den Herzen der zionistischen Aktivisten und stellt einen Wendepunkt in der Vorgeschichte des Staates Israel dar. Auf der anderen Seite trug die Erklärung aber auch zu wachsenden Spannungen mit den Arabern bei, die darin eine Begünstigung der jüdischen Sache durch die Briten zu erkennen glaubten.

Die vierte Alija nach Palästina, die auf die Jahre zwischen 1924 und 1931 eingegrenzt wird, änderte Anzahl und Charakter der Einwanderer. Aufgrund der rigiden Einwanderungsquoten der amerikanischen Regierung, der Verschlechterung der wirtschaftlichen Situation in Osteuropa und des wachsenden Antisemitismus unter Stalin kamen bis 1926 60000 Menschen ins Land. Allein 1925 absorbierte der Jischuw 285 Neuankünfte auf jeweils 1000 Juden, die schon im Land lebten. Die meisten kamen aus Osteuropa und gehörten dem bürgerlichen Mittelstand an. Sie zogen das Leben in den Städten, vor allem in Tel Aviv, das 1909 als erste jüdische Stadt gegründet wurde, dem Leben auf dem Land vor. Während dieser Jahre verdoppelte sich die Bevölkerung Tel Avivs von 21000 auf beinahe 40000 Einwohner, und der jüdische Teil Haifas wuchs von 6000 Einwohnern 1922 auf 14000 im Jahr 1925. Das Kapital, das die Einwanderer mitgebracht hatten, verhalf dazu, neben dem landwirtschaftlichen Leben in den Kibbuzim auch Industrie und Städtebau als legitime Wege zur Verwirklichung des Zionismus anzukurbeln.

In den 1920er-Jahren vollzog sich der große Durchbruch der hebräischen Sprache und Kultur in Palästina. Die Sprache etablierte sich in der Bevölkerung und ihr Wortschatz wuchs rasch. Unter dem Einfluss des prominenten zionistischen Denkers Ascher Ginsberg (1856–1927), der unter seinem Pseudonym Achad Haam («einer aus dem Volk») bekannt wurde, entwickelte sich Palästina zum wichtigsten Zentrum hebräischer Kultur. Für ihn kam der Erneuerungsprozess der eher säkularen, jüdischen Kultur in hebräischer Sprache an erster Stelle. Dieser sollte eine gemeinsame Basis für eine vielgestaltige jüdische Diaspora bilden, deren Nationswerdung noch vor der politischen Verwirklichung des Zionismus stehen sollte. Nur so würde in Palästina, «nicht nur ein Staat der Juden [entstehen], sondern auch ein echter jüdischer Staat». Vielleicht das beste Beispiel für eine Erfüllung von Achad Haams Vision ist die Gründung der

Hebräischen Universität am Skopus-Berg in Jerusalem am 1. April 1925. Während der Eröffnungszeremonie wurde die Hymne der neuen Institution gesungen, in der sie als «Leuchtturm» für das jüdische Volk und «prachtvoller Tempel des Wissens» gefeiert wurde. Als Hochschule und Forschungseinrichtung sollte die Hebräische Universität Bausteine liefern für den Aufbau zionistischer Kultur.

In den 1930er-Jahren wuchsen die Spannungen zwischen den zwei größten politischen Gruppierungen, der MAPAI und den Revisionisten. MAPAI, die Arbeiterpartei des Landes Israel, entstand 1930 unter der Führung von David Ben-Gurion aus dem Zusammenschluss der beiden sozialistischen Parteien Achdut Haawoda und Hapoel Hazair. Brit Hazionim Harevisionistim (Bund der zionistischen Revisionisten) unter dem Vorsitz von Zeev Jabotinsky wurde 1925 gegründet und plädierte für die Bildung eines Staates mit jüdischer Mehrheit auf beiden Seiten des Jordans, ein Ziel, das mit politischem Druck bis hin zum Einsatz militärischer Gewalt erreicht werden sollte. Die Revisionisten kritisierten heftig die kompromissbereite Haltung der MAPAI, nachdem die britische Mandatsregierung 1930 die jüdische Einwanderung nach Palästina und den Landkauf eingeschränkt hatte. In den folgenden Jahren nahmen die Spannungen zwischen den beiden Parteien zu, mit dem Ergebnis, dass 1935 Jabotinsky mit seiner Partei aus der zionistischen Weltorganisation austrat. Die Dissonanzen zwischen beiden Parteien begleiteten Israel für die folgenden vier Jahrzehnte, in denen MAPAI an der Regierung war. Erst 1977 gewannen die Erben der revisionistischen Partei unter der Führung von Menachem Begin zum ersten Mal die Wahl und regieren mit wenigen Unterbrechungen bis heute.

Im Jahr 1931 lebten schon ca. 175 000 Juden in Palästina, ein Anteil von rund 17 Prozent der Gesamtbevölkerung des Landes. In den folgenden Jahren stieg die Zahl der jüdischen Migranten aufgrund der Situation in Europa radikal an, sodass sie 1946 mit 543 000 Personen bereits 30 Prozent der Einwohnerschaft ausmachten. Ab 1932 hatte es der Jischuw mit einer neuen Art von Ankömmlingen zu tun: mit Flüchtlingen, die ihr nacktes Leben gerettet hatten. Die Einwanderer der fünften Alija kamen vor allem aus Deutschland und Polen. Hier war Hitler mit seiner nationalsozialistischen Partei an die Macht gekommen, dort, in Osteuropa, hatte der Antisemitismus eklatant zugenommen. Bis zum Ausbruch des Zweiten Weltkrieges wuchs der Jischuw mit ca. 250 000 neuen Einwanderern um gut 50 Prozent an. Unter diesen fanden sich viele Intellektuelle, Akademiker und Angehörige des Bürgertums. Vor allem die aus Deutschland stammenden Juden – Jeckes genannt – waren Ziel für Spott und Witz, da viele von ihnen keinen Bezug zum Zionismus hatten und ein dem Jischuw entfremdetes Europa verkörperten. Im April 1933 kommentierte der in Berlin geborene und 1923 nach Palästina ausgewanderte Religionswissenschaftler Gershom Scholem diese Situation in einem Brief an seine Mutter: «Es ist übrigens merkwürdig, wie sich hier die Perspektive der Judenfrage tiefsinnig verändert. Die Deutschen empfanden die Juden als Fremde, und sogar ein Teil der Juden fühlte sich fremd in Deutschland. Hier aber empfinden die Juden, die in ihrer großen Mehrheit Ostjuden sind, die deutschen Juden als Fremde. Sie bemerken mehr Deutsches als Jüdisches an ihnen.»

Ab 1934 reduzierte die britische Regierung die Genehmigungen zur Einwanderung nach Palästina. Bei dieser Entscheidung spielte die Eskalation des Konfliktes zwischen arabischen und jüdischen Gemeinden im Land eine große Rolle. Die Führung des Jischuws unter Ben-Gurion begann daraufhin, die illegale Migration nach Palästina zu organisieren. Heimlich kamen die Flüchtlinge aus Europa mit Schiffen bis zum Strand, wo man auf sie gewartet hatte, sie in Empfang nahm und ohne Aufsehen verdeckt in den Jischuw integrierte. Bis 1939 erreichten ca. 21 000 Juden auf diesem Weg Palästina.

Die illegale Einwanderung setzte sich auch während des Zweiten Weltkrieges fort, obwohl der Jischuw tendenziell Konflikte mit der britischen Regierung mied, um Großbritannien auch die letzten Reserven für den Kampf gegen Nazi-Deutschland zu sichern. Darüber hinaus war man bis zum Winter 1942/43 in Sorge, dass die Deutschen das Land erobern könnten. Erst nach der Niederlage der Achsenmächte in Nordafrika in der Schlacht von El Alamein im Herbst 1942 war die Gefahr gebannt und der Jischuw konnte beginnen, sich mit den schlimmen Gerüchten von der systematischen Vernichtung der Juden in Europa auseinanderzusetzen.

Neben dem Schock und der tiefen Verstörung, die diese Nachrichten auslösten, brachen Schuldgefühle auf, dass nicht genug Rettungsversuche unternommen worden waren, aber auch, dass man in Palästina schon kurz nach den drei Trauertagen Anfang Dezember 1942 zur Normalität des Alltags zurückgekehrt war. Nach heutiger Sicht hatten die rund 500 000 Juden, die damals in Palästina lebten, während des Krieges keinerlei politischen Einfluss, sodass Hilflosigkeit und Frustration ihren Alltag definierten. Immerhin meldeten sich etwa 38 000 junge jüdische Männer bei der britischen Armee, um in Europa zu kämpfen. Zudem gab es wiederholt Versuche, Juden aus Europa zu retten. Diese hatten zwar nicht so viel Erfolg wie erhofft, doch dokumentieren sie das Verantwortungsgefühl des Jischuw für das Schicksal der europäischen Juden.

Nach 1945 bemühte man sich unter erschwerten Bedingungen und unter rigiden Einschränkungen durch die britische Regierung, Holocaustüberlebende heimlich nach Palästina zu bringen. Gleichzeitig nahmen Gewalt und Spannungen zwischen Juden, Arabern und der britischen Armee in Palästina und auch innerhalb des Jischuws zu. Trotz der Eskalation funktionierte der Jischuw zu dieser Zeit schon wie eine autonome soziale und politische Einheit, mit allen notwendigen Institutionen, die die Basis eines Staates bilden. Diese Ausgangslage war ein entscheidender Faktor für den Sieg Israels im Krieg 1948.

3. Gefährliches Dreieck: Juden, Araber, Briten

Schon immer hatte es Juden in Palästina gegeben. Das Interesse dieses «alten Jischuws» richtete sich hauptsächlich auf religiöse Dinge, eine nationale Orientierung lag den verschiedenen Gruppen frommer Juden fern. Während 1882 24 000 Juden im Land lebten, war ihre Zahl 65 Jahre später nach der israelischen Unabhängigkeit 1948 auf über 600 000 angewachsen.

Schon früh wurden die jüdische Einwanderung und der Landkauf von der lokalen arabischen Bevölkerung als Bedrohung wahrgenommen und verursachte Zorn und Erbitterung. Aufgrund des vorherrschenden feudalen Wirtschaftssystems in Palästina wurde das Land in den meisten Fällen nicht von den eigentlichen Besitzern selbst bearbeitet. Während die sogenannten Fellachen den Ackerboden kultivierten und von dem ihnen als Vasallenlohn zustehenden Anteil des Geernteten lebten, logierten die Gutsherren meist in den großen Städten des Nahen Ostens. Dem israelischen Orientalisten Yehoshua Porat zufolge befand sich mehr als die Hälfte des bis März 1936 an die Zionisten verkauften Landes (52,6 Prozent) ursprünglich im Besitz nicht-palästinensischer Araber, und nur 9,4 Prozent war Eigentum der Fellachen selbst. 13,4 Prozent des Landes hatten die Regierung oder verschiedene Kirchen verkauft, und lediglich der restliche Anteil von 24,6 Prozent gehörte prominenten palästinensischen Familien, darunter Zweige der Naschaschibi und al-Husseini, letztere die Familie des Großmufti von Jerusalem Mohammed Amin al-Husseini. Verkaufte der Grundbesitzer das Land, mussten es die Bauern verlassen, um in die Stadt zu ziehen, wo sie meist arbeitslos waren. Oder sie blieben vor Ort und vermieteten ihre Arbeitskraft an die neuen, jüdischen Besitzer, was Frustration und Ärger den Neuankömmlingen gegenüber verursachte.

Mit der Zeit entwickelte sich auf der jüdischen Seite das Ideal der «hebräischen Arbeit», nach dem für die individuelle und kollektive Erfüllung der zionistischen Ideologie jüdische Arbeiter den arabischen bevorzugt werden sollten. Die aus Europa stammenden jüdischen Arbeiter, die weder Erfahrung mit physischer Arbeit hatten noch das Klima der Region gewöhnt waren, stellten zwar keine Konkurrenz für die arabischen Arbeiter dar, sie sollten jedoch an die Verhältnisse gewöhnt werden. Auch für die Bewachung der jüdischen Siedlungen, die am Anfang in Händen von arabischen Wächtern lag, stellte man jetzt immer öfter Juden an. Diese Jischuw-Prinzipien der «Eroberung der Arbeit» und der «Eroberung der Wache» wurden zu zentralen Säulen der praktischen Umsetzung des Zionismus und trugen weiter zur wachsenden Distanz zwischen beiden Gruppen bei.

Der Ursprung des israelisch-arabischen Konflikts in den Jahren vor der Gründung des Staates kann als eine Geschichte der absoluten Inkompatibilität zweier Kulturen beschrieben werden: Die eine, traditionell «orientalisch», verteidigte das Recht auf das Land mit ihrer Nativität, die andere, «westlich» und modern, erkannte das Recht auf das Land in der Geschichte und im nationalen Narrativ. Die zionistische Ideologie, die das akute Problem des Antisemitismus zu lösen suchte, konnte die Bedürfnisse der Araber im Land weithin nicht in ihr nationales Projekt mit einbeziehen, und die Araber, die den Zionismus mit den kolonialen Mächten identifizierten, reagierten auf die Erfahrung von Land- und Machtverlust mit Gewalt.

1921 brachen in der gemischten Stadt Jaffa blutige Konflikte zwischen Arabern und Juden aus. Erregt durch ein fälschlich ausgestreutes Gerücht, Juden hätten Araber angegriffen, wurden am 1. Mai jüdische Passanten attackiert. Der Furor erreichte auch nahegelegene Orte und so gab es am Ende auf jüdischer Seite 47 Tote und 146 Verletzte, während vor allem durch den Einsatz der britischen Polizei 48 Palästinenser umkamen und 73 verletzt wurden.

Diese gewalttätigen, blutigen Ereignisse förderten Verdacht und Misstrauen zwischen den verfeindeten Lagern in Palästina. 1923 veröffentlichte Zeev Jabotinsky einen brisanten Artikel mit dem Titel «Die eiserne Wand (Wir und die Araber)», in dem er unter anderem schrieb: «Weder den palästinensischen noch den übrigen Arabern können wir eine in ihren Augen genügende Kompensation für Palästina anbieten. Eine freiwillige Übereinkunft ist deswegen undenkbar. [...] Die zionistische Kolonisation muss man entweder einstellen oder sie gegen den Willen der einheimischen Bevölkerung weiterführen. Sie kann daher nur unter dem Schutze einer von der einheimischen Bevölkerung unabhängigen Macht – einer eisernen Wand –, die die einheimische Bevölkerung nicht durchbrechen kann, weitergeführt und entwickelt werden.»

Zur gleichen Zeit gab es Stimmen im Jischuw, die für ein Zusammenleben mit den Arabern plädierten, wie etwa die des Vereins Brit Schalom, dessen Mitglieder zumeist Professoren an der Hebräischen Universität waren und aus dem mitteleuropäischen, deutschsprachigen Raum gekommen waren. Gershom Scholem, Hugo Bergmann, Hans Kohn und andere stellten sich eine Gesellschaft vor mit einer gerechten Teilung des Landes für Juden und Araber und einem binationalen Parlament. Die Mitglieder dieses Kreises waren von Achad Haams Idee des kulturellen Zentrums beeinflusst und lehnten die territoriale Umsetzung des Zionismus ab.

Im Sommer 1929 brachen erneut blutige Unruhen zwischen Juden und Arabern aus. Der unmittelbare Anlass dafür war ein Streit um das Gebetsrecht der Juden an der Klagemauer, die sich direkt unterhalb des für Muslime heiligen al-Haram asch-Scharif mit dem Felsendom und der Al-Aqsa-Moschee befindet.

Zwischen dem 23. und 29. August gab es überall im Land gewalttätige Zusammenstöße und Massaker an Juden. Das folgenreichste und blutigste war jenes in Hebron, bei dem 67 der 800 Mitglieder zählenden jüdischen Gemeinde (bei 20 000 Stadtbewohnern) von einem wütenden Mob auf brutale Weise ermordet wurden. Aufgrund im Nachhinein angelegter Listen lässt sich aber auch nachweisen, dass mehr als zwei Drittel der Hebroner Juden von ihren arabischen Nachbarn – zum Teil unter eigener Lebensgefahr – versteckt und vor den blindwütigen Angriffen beschützt wurden. Nach dem Massaker verließ die gesamte jüdische Gemeinde auf Anordnung der britischen Mandatsverwaltung die Stadt. Bei den Unruhen kamen 133 Juden und 116 Araber, diese meist durch die britische Polizei, ums Leben, 339 Juden und 232 Araber wurden verletzt. Aus den Ereignissen zog der Jischuw den Schluss, auf die britische Verteidigung sei kein Verlass, woraufhin sich die «Hagana» – die vorstaatlichen Sicherheitskräfte – von nun an zu einem militärischen Machtfaktor entwickelte. 1931 kam es infolge der Uneinigkeit um die Reaktion auf die arabische Gewalt zu einer Spaltung in der «Hagana». Eine kleine Gruppe von Revisionisten gründete die militante Untergrund-Organisation Etzel, die selbständige Aktionen gegen Araber und britische Soldaten unternahm und von der britischen Regierung als Terrororganisation eingestuft wurde.

Die Auseinandersetzungen von 1929 markierten einen Wendepunkt in den Beziehungen zwischen Arabern und Juden im Land. Ab diesem Sommer wuchsen die Kluft und das Misstrauen zwischen den Fraktionen erheblich und der nächste Eklat schien unvermeidbar. Als Reaktion veröffentlichte die britische Regierung 1930 das Passfield-Weißbuch, in dem, was den Zionismus anging, eine kritische Einstellung dominierte. Das Weißbuch, das eine Begrenzung des Landverkaufs an Juden und der jüdischen Einwanderung je nach Stand der Arbeitslosigkeit unter der arabischen Bevölkerung empfahl, löste massiven Protest im Jischuw aus und wurde als eine Art Widerruf der Balfour-Erklärung verstanden. Im Gegenzug schickte der britische Premierminister Ramsey McDonald ein Jahr später einen Brief an den Vorsitzenden der Zionistischen Weltorganisation Chaim Weizmann, in dem er Hauptteile des Weißbuchs zurücknahm, was aber wiederum bei den Arabern heftige Gefühle von Wut und Enttäuschung hervorrief. Hier spiegelte sich die ganze tragische Dynamik, in die die britische Regierung in Palästina mit der Übernahme des Mandats geraten war. In dem wachsenden Konflikt zwischen Juden und Arabern versuchte die koloniale Macht immer wieder, sich nach den Wünschen derjenigen zu richten, die am lautesten protestierten, in der Hoffnung, Palästina so in Ruhe regieren zu können. Diese konfliktfördernde Politik mündete zwischen 1936 und 1939 in eine Serie von gewalttätigen Ereignissen, die das Land in Atem hielt und heute als der «Große arabische Aufstand» bekannt ist. In dieser Zeit wurden Angriffe von arabischer Seite auf britische und jüdische Ziele durchgeführt. Unter der Führung Al Husseinis stoppte die arabische Gemeinde die Steuerzahlungen an die britische Regierung und boykottierte den Jischuw. Im Hintergrund dieser Aktionen stand die Befürchtung der arabischen Bevölkerung, von der Flut von Flüchtlingen aus Nazi-Deutschland endgültig aus ihrem eigenen Land verdrängt zu werden. Das Ziel des «Aufstands», dem jüdischen Bestreben, mit britischer Unterstützung einen eigenen Staat zu errichten, ein Ende zu bereiten und die arabische Mehrheit im Land zu bewahren, wurde nicht erreicht; letztendlich schwächten die gewalttätigen Aktionen die arabische Gemeinde sogar nachhaltig. So reagierten die Briten auf die Gewalt mit harter Hand: 1937 schickten sie al-Husseini ins Exil, was die arabische Gemeinde im Land ohne Führung zurückließ. Zudem musste die Rebellion unter den Palästinensern selbst mit sehr viel Druck durchgesetzt werden, da nicht alle mitmachen oder Geld für diesen Zweck spenden wollten. Dem Jischuw bot der arabische Boykott die Gelegenheit zu lernen, wie man unabhängiger werden und ohne arabische Arbeitskräfte und die bisherige Infrastruktur zurechtkommen konnte. Ein Beispiel dafür ist die Errichtung der Hafenanlage von Tel Aviv in den Jahren 1936 bis 1938, die die Funktion des Hafens von Jaffa übernehmen sollte. Auch die Notwendigkeit der Selbstverteidigung stellte sich als immer drängender heraus. So wurden im Rahmen der «Hagana» zwei kleine Kommando-Einheiten gegründet, aus denen 1941 der «Palmach» entstand, die Elitetruppe der «Hagana».

1936 schickte die britische Regierung unter der Leitung von Lord William Robert Peel ein Komitee ins Land, das eine Lösung für die eskalierende Situation finden sollte. Ein Jahr später schlug dieses vor, das Land zu teilen: in einen arabischen Staat auf dem größeren Territorium des Landes und einen jüdischen im Norden des heutigen Israel, um das Jesreeltal mit der Küstenlinie bis südlich von Tel Aviv. Jerusalem und Betlehem sollten in britischen Händen mit einem Zugang zum Meer bleiben. Während die jüdische Führung den Teilungsplan akzeptierte, sprach sich das neugegründete arabische Hochkomitee, das zentrale politische Organ der Araber Palästinas, vehement dagegen aus.

Nachdem der Versuch, eine dauerhafte Lösung zu finden, gescheitert war, veröffentlichte die britische Regierung 1939 das McDonald-Weißbuch, das praktisch alle Hoffnungen, die die Balfour-Deklaration 1917 in der zionistischen Führung geweckt hatte, zunichtemachte. Darin wurde angeordnet, die jüdische Einwanderung in Palästina, den Kauf von arabischem Grund und Boden sowie den Bau neuer Siedlungen radikal einzuschränken. Vor allem das Verbot der Immigration weckte heftige Emotionen gegenüber der britischen Regierung, da sich die Situation der Juden in Europa mit jedem Tag verschlechterte.

Am Beginn des Zweiten Weltkrieges entschied David Ben-Gurion jedoch, die Aktionen gegen die britische Regierung einzustellen, der gemeinsame Kampf gegen Nazi-Deutschland sollte absoluten Vorrang erhalten. Beide militärischen Organisationen, die Hagana und die revisionistische Splittergruppe Etzel, folgten dieser Linie. Einige akzeptierten diese Entscheidung jedoch nicht, spalteten sich 1940 von Etzel ab und gründeten eine eigene Organisation mit dem Namen Lechi, ein Akronym für «Kämpfer für Israels Freiheit». Diese radikale Gruppe bildete sich um den jungen Dichter Abraham Stern, der im Untergrund den Spitznamen «Yair» trug. Von ihm stammt auch die Hymne des Etzels «Chajalim Almonim» (Anonyme Soldaten), deren erste Strophe die düstere und militante Weltsicht der Etzel und Lehi reflektiert:

> Anonyme Soldaten sind wir ohne Uniform,
> um uns sind Schrecken und Schatten des Todes.
> Wir wurden alle fürs Leben eingezogen,
> von unserem Dienst befreit nur der Tod.

Die Lechi folgte nicht der Politik des Jischuws, sondern setzte den Kampf gegen die Briten fort. Diese stuften die «Kämpfer für Israels Freiheit» unter dem Namen «The Stern Gang» als Terrororganisation ein, aber auch im Jischuw wurden sie für ihre Radikalität kritisiert. 1942 wurde Stern von einem britischen Polizisten erschossen, doch seine Nachfolger gaben den Untergrundkampf gegen britische Einrichtungen ebenfalls nicht auf. In den letzten Jahren des Krieges stand Ben-Gurion deshalb vor großen Herausforderungen von innen: Die kleinen Splitterorganisationen akzeptierten seine Autorität nicht und führten ihren eigenen Kampf gegen die Briten. Damit sabotierten sie alle diplomatischen Bemühungen um einen zukünftigen jüdischen Staat. Schließlich taten sich 1944 Ben-Gurion und die Hagana mit der britischen Regierung gegen Lechi und auch gegen den Etzel zusammen, der inzwischen seine Aktionen gegen die Mandatsregierung wieder aufgenommen hatte. Im Zuge der folgenden Verhaftungen, ironisch die «[Jagd-]Saison» genannt, wurden viele Mitglieder beider Organisationen festgenommen. Die Entscheidung Ben-Gurions, die Herausforderungen von innen kompromisslos anzugehen, sogar in Kooperation mit dem kolonialen «Feind», war von großer Bedeutung auf dem Weg zu seiner Position als einzigem Wortführer im Jischuw. Dessen Geschlossenheit unter Ben-Gurion war ein wesentlicher Faktor beim Erfolg Israels im Unabhängigkeitskrieg und während der ersten Jahrzehnte als selbständiger Staat. Gleichzeitig aber haben Ben-Gurions Aktionen neue Wunden geschlagen, deren Auswirkungen die israelische Gesellschaft noch viele Jahre begleiten und die Politik beeinflussen werden.

Nach dem Ende des Zweiten Weltkrieges setzte sich die Gewalt noch intensiver fort. Den Gipfel bildete im Sommer 1946 der Anschlag auf das King David Hotel in Jerusalem durch den Etzel. Im Südflügel des Gebäudes waren Büros der Mandatsregierung und des britischen Generalstabs untergebracht. Diesem blutigsten Terrorakt vor der Staatsgründung fielen mehr als 90 Personen zum Opfer, darunter über 20 britische Soldaten, etwa genauso viele jüdische, aber vor allem arabische Zivilisten. Die Folge war, dass sich die Spannungen zwischen dem britischen Militär und dem Jischuw in den letzten Jahren der Mandatszeit verstärkten. So reagierte die britische Regierung mit der Intensivierung des Kampfes gegen die illegale Migration von Flüchtlingen aus Europa und der Einrichtung von Internierungslagern auf Zypern, wohin die an den Stränden Palästinas aufgegriffenen Schiffsinsassen zurückgeschickt wurden. Der Höhepunkt dieser Spannungen ereignete sich rund um das Schiff «Exodus», das sich im Juli 1947 mit 4 500 jüdischen Holocaust Überlebenden der Küste Palästinas näherte. Die britische Regierung schickte das Schiff erst nach Frankreich zurück und dann nach Hamburg, wo die Flüchtlinge in DP-Lagern interniert wurden. Die mangelnde Sensibilität der britischen Behörden im Umgang mit den jüdischen Flüchtlingen der «Exodus» und der Widerstand, den die letzteren zeigten, erreichten die Weltöffentlichkeit, und trugen zum breiten Verständnis der Situation des jüdischen Volkes nach dem Holocaust bei.

Im Sommer 1947 empfahl eine UN-Sonderkommission, das

«United Nation Special Committee on Palestine (UNSCOP)», das britische Mandat zu beenden und das Land zwischen beiden Völkern aufzuteilen, etwa im Verhältnis von 55:45 Prozent für die jüdische Bevölkerung. Jerusalem sollte unter internationaler Kontrolle verbleiben. Im Gegensatz zum Jischuw weigerte sich die arabische Führung, mit dem Komitee zu kooperieren, was zur Folge hatte, dass der arabische Anteil im Vergleich zum Teilungsplan der Peel-Kommission aus dem Jahr 1937, in dem damals nur 17 Prozent des Landes für eine jüdische Heimstatt vorgesehen waren, deutlich kleiner wurde.

Am 29. November 1947 billigte die Uno die Resolution 181 über das Ende des britischen Mandats und die Teilung des Landes: 33 Staaten stimmten dafür, 13 waren dagegen und 10 enthielten sich der Stimme. Die arabische Führung lehnte diese Entscheidung ab. Im Jischuw dagegen brach spontaner Jubel aus, und die Menschen feierten auf den Straßen. Nur ein Mann konnte in diesem historischen Moment der Welle der Begeisterung nicht nachgeben. David Ben-Gurion schrieb in sein Tagebuch: «An diesem Abend tanzten die Menschen durch die Straßen. Ich konnte nicht tanzen. Ich wusste, dass uns ein Krieg bevorsteht und dass wir die besten unter unseren Jungen verlieren werden.»

In den Jahrzehnten des britischen Mandats hatte sich die Infrastruktur des Landes entwickelt, zum Teil als Ergebnis der kolonialen Ideologie und zum Teil dank des utopischen Ziels der Zionisten, das Land zu bebauen und zu «zähmen». Am Ende der Mandatszeit funktionierte der Jischuw als eine autonome Gesellschaft unter einer profilierten Führung und hatte damit einen evidenten Vorteil im Vergleich zur Situation der Palästinenser, deren Führung gespalten und zerstritten war. Zudem blieb die arabische Bevölkerung verglichen mit dem weithin aus Europa stammenden Jischuw ungebildet, wodurch es ihr sehr viel schlechter gelang, ihre Interessen bei den westlichen Mächten mit Nachdruck zu vertreten. Diese Faktoren sollten entscheidend sein für den israelischen Sieg im Krieg von 1948.

II. Aus dem Meer geboren: Die Entstehung eines nationalen Ethos

Am 14. Mai 1948, einem Freitag, versammelte sich die Führung des Jischuws, der «Volksrat», im Museum von Tel-Aviv und verkündete die Unabhängigkeit Israels als selbständiger Staat. Die Unabhängigkeitserklärung verlas David Ben-Gurion, der als erster der 37 Mitglieder des «Moetzet Haam» (darunter nur zwei Frauen, eine davon Golda Meir, die spätere Premierministerin) die Gründungsurkunde unterschrieb. Der bisherige «Volksrat» wurde zur «Provisorischen Regierung» umgewandelt und Ben-Gurion zum ersten Premier- und Verteidigungsminister des neuen Staates ernannt.

Die Erklärung selbst ist ein emotionales Dokument: Auf der einen Seite wird darin das jüdische Recht auf das Land Israel und einen unabhängigen Staat in der Geschichte von den biblischen Zeiten bis zu den Schrecken des Holocaust bekräftigt, auf der anderen Seite der jüdische Beitrag zur internationalen Gemeinschaft der Nationen von der Bibel bis zu den jüdischen Brigaden in der britischen Armee im Kampf gegen Nazi-Deutschland hervorgehoben. Die Erfüllung der zionistischen Utopie folgte dem Weg Theodor Herzls in seinem Hang zur Diplomatie und in der Suche nach Anerkennung in der internationalen Politik. Am Ende der Erklärung steht ein Appell an die Araber Palästinas und die arabischen Nachbarländer, sich für Frieden einzusetzen und sich an einer gemeinsamen Entwicklung der Region zu beteiligen, schließlich aber auch ein Aufruf an die Juden in der Diaspora, nach Israel zu kommen, um beim Aufbau des Staates zu helfen. Weniger als vierzig Minuten dauerte die Veranstaltung, danach gingen alle Teilnehmer nach Hause. Am nächsten Morgen begann die Invasion der fünf arabischen Armeen.

Mit dem Ausbruch des Krieges sah sich Ben-Gurion gewal-

David Ben-Gurion verliest am 14. Mai 1948 im Museum Tel Aviv die Unabhängigkeitserklärung Israels.

tigen Herausforderungen gegenüber. Nach außen war es der Krieg mit der arabischen Bevölkerung Palästinas und den Armeen der arabischen Nachbarländer. Im Inneren musste er die verschiedenen Milizen zu einer verteidigungsstarken Armee vereinen und die rechte revisionistische Bewegung unter die Führung der MAPAI drängen. Den 600 000 Bürgern des neuen Staates drohten gleichzeitig die Vernichtung von außen und die soziale und politische Desintegration von innen. Am Abend des 14. Mai hatte Ben-Gurion in sein Tagebuch geschrieben: «Im Land herrscht Jubel und tiefe Freude – wieder bin ich der eine Trauernde unter den Glücklichen, wie am 29. November.»

1. Unabhängigkeit und Nakba: Der Krieg von 1948

Durch den Krieg von 1948 erhielten die beiden Narrative – das palästinensische und das israelische – ihre endgültige Fassung. Schon die jeweiligen Bezeichnungen derselben Ereignisse reflektieren diese unterschiedlichen Erzählungen. Während er in Israel als Wunder betrachtet und als Unabhängigkeitskrieg («Milchemet Ha-Azma'ut») bezeichnet wird, manchmal auch als Krieg der Befreiung (Schichrur) oder des Widerstands (Komemiut), heißen diese Geschehnisse bei den Palästinensern Nakba – die «Katastrophe», weil dadurch nicht nur die Chancen, einen palästinensischen Staat zu gründen, zerstört wurden, sondern auch etwa 700 000 der 1 200 000 Araber, die 1947 im Land lebten, im Exil endeten.

Man kann den Verlauf dieses Krieges in zwei Phasen teilen: Während der ersten – von der Erklärung der UNO am 29. November 1947 bis zur Unabhängigkeitserklärung des Staates Israel am 14. Mai 1948 – kam es zu einer Art Bürgerkrieg zwischen den beiden Bevölkerungsgruppen des Landes noch unter britischem Mandat. In der zweiten Phase – vom 15. Mai 1948 bis zum Sommer 1949 – handelte es sich um einen konventionellen Krieg zwischen dem Staat Israel und den Armeen von Syrien, Transjordanien, Ägypten, Libanon und dem Irak.

Die erste Phase des Krieges (November 1947 bis Mai 1948)

Während auf jüdischer Seite die 40 000 Kämpfer der Hagana, des Palmach, von Etzel und Lechi trotz ideologischer Unterschiede bereits einheitlich organisiert waren und einigermaßen gemeinsam vorgingen, fanden sich auf arabischer Seite kleine Fraktionen und Gruppierungen, die oft isoliert und untereinander zerstritten waren. Zu diesen gehörten zum Beispiel die Truppe von Abd al Kadir al-Husseini, dem Sohn des Bürgermeisters von Jerusalem und Neffen von Amin al-Husseini, der mit 500 Kämpfern in den Jerusalemer Bergen agierte, oder die Arabische Befreiungsarmee von Fausi al-Kawukdschi mit 6000 Kämpfern im Norden des Landes. Zu Anfang lag die Initiative in den Händen der Araber, während der Jischuw sich hauptsächlich verteidigte. Neben Anschlägen in den Städten selbst gehörte es zur Strategie der arabischen Kämpfer, die Zufahrtswege zu den Zentren des Jischuws zu besetzen, mit der Folge, dass es gerade im jüdischen Teil Jerusalems – einem der wichtigsten Schauplätze dieses Krieges – im März zu akutem Mangel an Wasser und Lebensmitteln kam. Konvois mit Vorräten, die die Stadt zu erreichen versuchten, wurden von den arabischen Milizen angegriffen. Diese Aktionen führten zu einer Veränderung der Taktik auf jüdischer Seite. Die Hagana und der Palmach begannen, die Wege zu sichern, indem sie bestimmte Gebiete eroberten. Am 2. April 1948 startete die Operation «Nachschon», die der Blockade Jerusalems ein Ende setzen sollte. In der Schlacht, die in der Nähe von Jerusalem wütete, wurde der arabische Oberbefehlshaber Abd al-Kadir al-Husseini getötet, was für seine Truppe einen schweren moralischen Schlag bedeutete und letztlich zu deren sukzessiver Auflösung führte.

Im Zuge dieser Auseinandersetzungen erlangte der Ort Deir Jassin im Nordwesten Jerusalems leider traurige Berühmtheit. Das arabische Dorf, dessen Bewohner in weitgehend guter Nachbarschaft mit den jüdischen Einwohnern Givat Schaul lebten – im März hatten sie die Milizen von Al-Husseini sogar noch davon überzeugt, diese nicht anzugreifen –, wurde am 9. April von ca. 130 Kämpfern der separatistischen Gruppen Etzel und Lechi überfallen. Die Attacke, die mit Wissen der Hagana, aber unter deren Aufforderung zur Zurückhaltung geplant war, wuchs sich zu einem grausamen Massaker vor allem unter der Zivilbevölkerung aus. Es gibt Berichte über Vergewaltigung, Raub und Folter der Gefangenen. Sofort folgte Kritik von der Jewish Agency, den Oberrabbinern Palästinas und der Hagana. Ein Offizier des Nachrichtendienstes der Hagana, der Deir Jassin noch am gleichen Nachmittag aufsuchte, berichtete: «Mit meinen eigenen Augen habe ich einige ermordete Familien mit ihren Kindern, Frauen und Greisen gesehen, und ihre Leichen lagen aufeinander. Die ‹Separatisten› gingen durch das Dorf, während sie raubten und alles Mögliche stahlen: Hühner, Radiogeräte, Zucker, Geld, Gold etc. etc.» Das Massaker von Deir Jassin, in dem wohl über 100 Menschen ermordet wurden, hatte einen direkten, aber auch einen langjährigen Einfluss auf den Konflikt. Kurzfristig schadete der barbarische Akt der relativ guten Beziehung des Jischuws zum transjordanischen König Abdallah. Vor allem aber lösten die Berichte aus Deir Yassin eine hektische Massenflucht aus den arabischen Dörfern aus, was die Demographie des Landes entscheidend veränderte.

Langfristig wurden und werden die Geschehnisse in Deir Jassin bis heute in der Argumentation gegen Israel benutzt, als Symbol für die Nakba, die «Katastrophe», und als Beweis für Israels Brutalität während des Krieges. Innerhalb des Jischuws beschleunigten die Ereignisse die Auflösung von Etzel und Lechi und die Integration der Separatisten in die israelische Armee. Politisch diente der beschämende Verweis auf Deir Jassin dazu, die Revisionisten als Opposition zu MAPAI am Rand der israelischen Politik zu halten.

Eine direkte arabische Reaktion erfolgte am 13. April, als ein Konvoi von Fahrzeugen, besetzt mit unbewaffneten Professoren, Ärzten und Krankenschwestern, auf dem Weg zur Hebräischen Universität und dem Hadassah Krankenhaus am Skopus Berg in Ostjerusalem angegriffen wurde und 70 Menschen auf jüdischer Seite dabei den Tod fanden. Ein anderes traumatisches Ereignis für den Jischuw trug sich am 12. und 13. Mai zu, als der Kibbuz Kfar Etzion in Gush Etzion – einer Region südlich von Jerusalem – nach einer wüsten Schlacht in die Hände der transjordanischen «Arabischen Legion» fiel, einer von Briten trainierten Einheit. Der Großteil der jüdischen Kämpfer wurde von Bewohnern der arabischen Nachbardörfer erschossen, nachdem sie sich ergeben hatten. 120 Juden wurden auf diese brutale Weise ermordet, die restlichen 350 Menschen in die Gefangenschaft geführt. Gush Etzion war bis 1967 Teil Jordaniens, aber die Ereignisse in Kfar Etzion blieben – wie das Massaker in Hebron 1929 – lebendig in der kollektiven Erinnerung Israels. Nach dem Sechstagekrieg 1967 war das erste Ziel der neugegründeten Siedlerbewegung, Kfar Etzion wiederaufzubauen. Danach sollte Hebron an die Reihe kommen.

In dieser ersten Kriegsphase lag der Erfolg auf jüdischer Seite: Die arabischen Milizen waren niedergerungen und viele Dorfbewohner bereits geflohen, eine wichtige Rolle im arabisch-israelischen Konflikt spielten die Palästinenser nicht mehr. Die Hagana eroberte neue Territorien, sammelte wertvolle Kriegserfahrungen und Israel gewann Anerkennung und Respekt in der internationalen Politik.

Die zweite Phase des Krieges (Mai 1948 bis Juli 1949)

Die Unabhängigkeitserklärung Israels am 14. Mai markierte den Übergang von einem Bürgerkrieg zu einer konventionellen militärischen Auseinandersetzung. Bis zum 11. Juni war der Konflikt durch die Invasion der arabischen Armeen und die Versuche Israels charakterisiert, diese Angriffe abzuwehren. Nach einem vierwöchigen Waffenstillstand übernahm Zahal, die neue, nun vereinigte israelische Armee, am 9. Juli die Initiative und eroberte Territorien, die fast um ein Drittel über die Landesteile hinausreichten, die im Teilungsplan für einen jüdischen Staat vorgesehen waren.

Nach dem 14. Mai konzentrierte sich die transjordanische «Arabische Legion», die stärkste arabische Streitmacht, auf die Eroberung Jerusalems. König Abdallah ließ sich nur widerwillig auf einen Krieg ein, da er sich mit der zionistischen Führung immer gut verstanden hatte, doch nach Deir Jassin war er gezwungen, gegenüber den anderen arabischen Armeen Loyalität zu zeigen. Deshalb konzentrierten sich die Transjordanier darauf, das für einen palästinensischen Staat vorgesehene Territorium und vor allem Jerusalem in Besitz zu nehmen, was ihnen zum großen Teil auch gelang. Trotzdem konnte die israelische Armee einen alternativen Zugang in die belagerte Stadt Jerusalem erkämpfen und die Belagerung des Westteils der Stadt mit 100 000 jüdischen Bewohnern durchbrechen. Nachdem sechs – von Ben-Gurion befohlene – Versuche, die Stadt auf dem Weg über Latrun und Bab el-Wad, da wo heute die Autobahn von Tel-Aviv nach Jerusalem führt, zu erreichen, überaus verlustreich gescheitert waren, wurde in Rekordzeit unter großen Anstrengungen eine neue Straße zwischen gerade erst eroberten arabischen Dörfern gebaut. Diese sogenannte Burma Road beendete die Blockade Jerusalems.

Im Süden bewegte sich die ägyptische Armee in zwei Hauptstoßrichtungen vorwärts, zum einen an der Küste entlang in Richtung Tel Aviv, zum anderen östlich durch die Negev-Wüste auf Jerusalem zu. Die Aufteilung war der Befürchtung geschuldet, Jerusalem könnte nach dem Krieg in jordanischen Händen bleiben. Im Rückblick erwies sich diese ägyptische Strategie als ein entscheidender Faktor für den israelischen Sieg. Die arabischen Länder schienen sehr viel mehr darauf aus zu sein, Teile des arabischen Palästinas für sich zu gewinnen, als Israel in die Knie zu zwingen. Was Ägypten anging, so wurde das Ziel an beiden Fronten nicht wirklich erreicht. Vor allem der größere der zwei Heeresverbände scheiterte letztlich am zähen Widerstand der israelischen Kibbuzim und wartete ausgelaugt und erschöpft 37 Kilometer südlich von Tel Aviv auf Verstärkung. Auch im Norden gelang es den Israelis, die Invasion irakischer und syrischer Kontingente nach teilweise schweren Kämpfen bis zum Beginn des vom Sicherheitsrat der UNO geforderten und den Konfliktparteien abgerungenen ersten Waffenstillstands einzugrenzen und zu neutralisieren. Bis auf kleinere strategische Scharmützel wurde dieser Waffenstillstand, der am 11. Juni beginnen und vier Wochen dauern sollte, auch tatsächlich eingehalten.

Waffenstillstand

In den ersten vier Wochen des Krieges war Israels Existenz am stärksten gefährdet, starben doch in dieser Zeit über 1600 Juden, ein Viertel aller im Unabhängigkeitskrieg gefallenen Soldaten und der Opfer in der Zivilbevölkerung. Die Menschen waren erschöpft und ausgezehrt, aber es gab auch ein Gefühl von Hoffnung. Gleichzeitig war unübersehbar, dass die arabischen Staaten den Teilungsplan der UNO nicht respektierten, auch nicht in Bezug auf einen palästinensischen Staat, und vielmehr jeder so viel Land wie möglich für sich zu erbeuten suchte. Die Zeit des Waffenstillstands nutzte der junge Staat zur Aufrüstung, um sich auf eine Fortsetzung der Kampfhandlungen vorzubereiten.

Das einschneidende Ereignis dieser Wochen war die Altalena-Affäre mit weitreichenden Folgen für die israelische Gesellschaft. Am 20. Juni näherte sich ein Schiff der Küste Israels nördlich von Tel Aviv und ankerte vor Kfar Vitkin. Das Schiff, das den Namen Altalena trug, hatte der Etzel ein Jahr zuvor in Italien gekauft und mit über 900 Flüchtlingen, Waffen, Munition und medizinischen Gütern beladen. Nachdem die Migranten das Schiff verlassen hatten, forderte Menachem Begin – seit 1943 Kommandant der Etzel – 20 Prozent der an Bord befindlichen militärischen Ausrüstung für die Etzel-Milizen. Darin sah Ben-Gurion eine Verletzung der Souveränität der israelischen Regierung und der UNO-Bedingungen für den Waffenstillstand. Deshalb schickte er Truppen an den Strand und stellte Etzel ein Ultimatum, die Waffen, die noch an Bord waren, vollständig an Zahal – die neu gegründete Armee – zu übergeben. Nachdem die UNO das Schiff entdeckt hatte, der Etzel jedoch trotzdem damit begann, die Waffen an der Küste Tel Avivs auszuladen, gab Ben-Gurion der Armee den Befehl zum Handeln. «Juden schießen auf Juden, stundenlang», schrieb Yitzhak Rabin später, «Juden werden von den Kugeln anderer Juden verwundet oder getötet.» 19 Israelis wurden tatsächlich Opfer dieses prekären Gefechts, drei auf Seiten der israelischen Armee, sechzehn auf Seiten von Etzel. Für Ben-Gurion war es die Niederschlagung eines Putschversuchs, durch die er seine Machtposition festigte, seine Gegner schwächte und politisch marginalisierte. Kurz danach wurden 200 Etzel-Mitglieder verhaftet und die Untergrundarmee in die israelischen Verteidigungsstreitkräfte eingegliedert. Für die Revisionisten blieb die Altalena-Affäre eine offene Wunde, die jahrelang als Symbol für den Verrat der MAPAI und für die eigene Machtlosigkeit stand.

Ende des Krieges

Nach dem Ende des Waffenstillstandes am 9. Juli wurde wieder Krieg geführt: Von diesem Zeitpunkt an übernahm die nun vereinigte israelische Armee, die inzwischen von 34 000 aktiven Soldaten auf 65 000 Mann angewachsen war, die Initiative und erzielte in einer Reihe von Offensiven weitere Geländegewinne über den Teilungsplan hinaus. In der Operation «Danny», die zwischen dem 9. und 18. Juli stattfand, dem «Krieg der zehn Tage», wurden die arabischen Städte Lydda (Lod) und Ramle (Ramla) eingenommen und mehr als 50 000 ihrer Einwohner vertrieben. Als Herbst und Winter kamen, konzentrierte sich der Kampf hauptsächlich auf die ägyptische Armee in der Negev-Wüste. Am 10. März 1949 erreichte Zahal das Rote Meer und

Israelische Soldaten hissen am 10. März 1949 am Roten Meer die Flagge Israels, ein mit Tinte bemaltes Laken.

den südlichsten Punkt des heutigen Israel, Um Raschrasch, inzwischen als der Urlaubsort Eilat bekannt. Weil die Soldaten keine israelische Flagge dabei hatten, die sie hissen konnten, improvisierten sie die Streifen und den Davidstern mit einem Laken und blauer Tinte. Dieser Moment wurde von einem Photographen festgehalten: Ähnlich dem amerikanischen Foto auf der japanischen Insel Iwojima oder dem sowjetischen Bild von der Fahne auf dem zerstörten Berliner Reichstag, beide von 1945, wurde 1949 die israelische Tintenflagge zu einem Symbol für Sieg und Freiheit. Dieses Bild ging in das kollektive Gedächtnis Israels ein, weil es Werte reflektiert, auf die sich die Gesellschaft des neuen Staates gründen wollte: Mut, Initiative und männliche Solidarität.

Während der folgenden Monate wurden Waffenstillstandsabkommen mit den verschiedenen arabischen Ländern unterzeichnet, zuletzt mit Syrien am 20. Juli 1949. Am Anfang nahm man die Waffenstillstandslinie als temporäre Situation an, vor allem von der arabischen Seite. Mit der Zeit aber wurden daraus von der internationalen Gemeinschaft anerkannte Grenzen, die heute als «Grüne Line» bekannt sind, weil sie mit grüner Farbe auf der Waffenstillstandskarte von Moshe Dayans Stift gezogen worden war.

2. Sabras und Flüchtlinge: Die Entstehung zweier Narrative

Die Situation nach dem Krieg

Die israelische Gesellschaft war in ihren ersten Jahren tief traumatisiert. Zwar hatte die erste kriegerische Auseinandersetzung mit der arabischen Welt mit einem Sieg für Israel geendet, doch dieser war um einen hohen Preis erkauft worden: 6000 Israelis, ein Prozent der Bevölkerung, waren im Krieg ums Leben gekommen, unter ihnen 2400 Zivilisten. Israels Territorium war zwar um 23 Prozent über den vorgesehenen Teilungsplan gewachsen. Doch dies verlieh der Bevölkerung kein Gefühl von Sicherheit, da die arabische Rhetorik jetzt eine «zweite Runde» ankündigte. Ein arabischer Boykott isolierte Israel wirtschaftlich und politisch und machte den neuen Staat praktisch zu einer von Feinden umgebenen Insel. Das ganze Land lag im Bereich gegnerischer Geschütze. Zwischen der jordanischen Westbank und dem Mittelmeer war nur ein schmaler, an seiner engsten Stelle gerade einmal 15 Kilometer breiter israelischer Streifen. Im Übrigen stellte nicht nur der Krieg für die israelische Gesellschaft eine bedrängende Erfahrung dar, auch der Alptraum des Holocaust suchte die Menschen im jungen Staat heim: Über 30 Prozent der Israelis waren Holocaust-Überlebende und obwohl ihr Beitrag zum Aufbau des Staates von entscheidender Bedeutung war – ca. 50 Prozent der Kämpfer im Jahre 1948 waren direkt aus Europa gekommen –, konnte die veränderte Gesellschaft ihnen keinen Platz einräumen, um ihr Trauma zu verarbeiten. So blieben diese verstörenden Erfahrungen noch viele Jahre unterdrückt. In dieser schwierigen sozialen und wirtschaftlichen Situation sah sich Israel mit der größten Migrationswelle seiner Geschichte konfrontiert. 800 000 jüdische Flüchtlinge aus Europa und aus verschiedenen arabischen Ländern, vor allem aus dem Irak, strömten ins Land. Während der ersten Jahre herrschte so große wirtschaftliche Not, dass etwa Lebensmittel streng rationiert wurden und nur über Kupons verteilt werden durften.

Für die Palästinenser bedeutete der Krieg eine einzige große Katastrophe. Etwa 700 000 Menschen waren geflüchtet oder von der israelischen Armee vertrieben und auf der anderen Seite der Grenze in Lagern interniert worden. 160 000 von ihnen blieben in Israel und wurden zu israelischen Staatsbürgern. Heute bilden diese «israelischen Araber» mit 21 Prozent die größte Minderheit im Land. Transjordanien annektierte die Westbank und nannte sich in Jordanien um, während der Gazastreifen jetzt zu Ägypten gehörte. Doch die schlimme Lage der Palästinenser war nicht nur durch Israel verursacht, sondern auch durch das, was unter dem Verrat der arabischen Schwesternationen verstanden wurde. Der politische Nationalismus der Palästinenser war in dieser frühen Zeit kaum mehr spürbar und kehrte erst in den 1960er-Jahren mit der Gründung der PLO, der palästinensischen Befreiungsbewegung, wieder zurück. Dagegen entwickelte sich das palästinensische Flüchtlingsproblem zum zentralen Faktor im arabisch-israelischen Konflikt.

Nach 1948 begann der zweite Akt in der Tragödie der jüdisch-arabischen Beziehungen im Land Israel, ein Trauerspiel, das über die folgenden Jahrzehnte einerseits von falschen Entscheidungen auf beiden Seiten, andererseits aber auch von einer höchst problematischen historischen Ausgangslage geprägt war: Die erkämpfte Heimkehr des einen Volkes wurde zum Auslöser und Beginn des Exils eines anderen. Der marxistische Historiker Isaac Deutscher veranschaulichte den jüdisch-arabischen Konflikt im Bild eines Menschen, der aus einem brennenden Haus springt und dabei auf einen anderen prallt, der unten auf der Straße steht: «Der Mann, der sprang, hatte keine Wahl», so Deutscher, «aber für den Mann mit gebrochenen Gliedern war er die Ursache seines Unglücks.» Es ist schwierig, klar zu entscheiden, bei wem die Schuld für die Situation liegt. Deshalb ist es sinnvoll, Narrative und Formen der Erinnerung beider Seiten zu betrachten, die zentral für die nationale Identität der jeweiligen Gruppe stehen. Auf dieser Spur lässt sich vielleicht der emotionale Hintergrund für die Feindschaft beschreiben, zugleich liegt darin die Chance für ein besseres gegenseitiges Verständnis.

1948 in der israelischen Erinnerung

Der zionistische Neubeginn im Land hatte sich auch einen anderen jüdischen Menschentyp zum Ziel gesetzt, der das Gegenbild zu dem des «Exiljuden» entwarf, der in antisemitischen Projektionen gezeichnet worden war. Statt des passiven, schwachen, gebeugten und entwurzelten Diasporajuden sollte im Land Israel eine neue Generation von Frauen und Männern, aktiv, stark, stolz und im Land verwurzelt, ans Werk gehen. Diese im Land geborenen Juden betrachteten Israel als ihre Heimat und nannten sich Sabra nach dem Namen der Kaktusfeige, einer Pflanze, die reichlich im Land vorkam. Die Metapher der Kaktusfeige passte genau zum erwünschten Bild des neuen Juden: ein einheimisches Gewächs, dessen Früchte außen rau und stachelig sind, aber weich und süß in ihrem Inneren. Sabras, also im Land Geborene, lehnten den Namen ihrer aus der Diaspora stammenden Eltern ab und nahmen sehr oft neue Namen an, ein weitverbreitetes Phänomen und ein Mittel, um den Widerhall eines Diasporanamens loszuwerden und damit auch die Exilidentität.

Obwohl das Image des Sabra schon vor der Staatsgründung die Kultur prägte, wird es vor allem mit der Generation des israelischen Unabhängigkeitskrieges identifiziert, häufig in Bezug auf militärisches Martyrium und Heldentum. Der einflussreiche israelische Schriftsteller Moshe Shamir begann den Roman *Mit seinen eigenen Händen* (1951), die Lebensgeschichte seines Anfang 1948 gefallenen Bruders Elik, mit den Worten «Elik wurde aus dem Meer geboren» und schuf damit den berühmtesten Eröffnungssatz eines israelischen Romans. Vom Meer geboren zu werden, hat dem Sabra einen quasi mythologischen Status als «Eingeborener» verliehen, der eine ursprüngliche und direkte Verbindung zum Land hat, im Gegensatz zu der Fremdheit der Generation der Väter und Mütter – dem Exiljudentum.

Der Dichter Nathan Alterman veröffentlichte Ende 1947 ein Gedicht, *Silbertablett*, in dem die verletzte, aber nun unabhängige Nation zwei Jugendliche trifft, eine Soldatin und einen Soldaten, die müde und schweigend aus der Schlacht kommen. Das Setting ist voller Pathos, und es bleibt unklar, ob die Soldaten lebendig sind oder schon tot. Sich nähernd, werden sie unter Tränen gefragt: «Wer seid ihr?», und die beiden erwidern darauf: «Wir sind das Silbertablett, auf dem euch der jüdische Staat serviert wurde.» Dieses Gedicht wird bis heute häufig am jährlichen Gedenktag an die gefallenen Soldaten zitiert, wobei die Rolle des Sabra als Märtyrer im Vordergrund steht. Der Sieg von 1948 wurde als Wunder wahrgenommen, das sich dem Opfer der Sabras verdankte und das die Urbeziehung des Volkes zu diesem Land Israel bestätigte. In den folgenden Jahrzehnten etablierten sich in der israelischen Gesellschaft neue Mythen, die die Erinnerung an den Krieg und die Selbstwahrnehmung der israelischen Gesellschaft beeinflussten. Das Selbstbild Israels als biblischer David – klein, objektiv schwächer, aber gleichzeitig klug und vor allem gerecht –, der gegen Goliath, dessen Stärke in seiner Übermacht lag, und der mit seiner Steinschleuder angetreten war, ist im Bewusstsein seiner jüdischen Bewohner tief verankert.

Nach dem Krieg gab es aber auch Stimmen in Israel, die die Nakba der Palästinenser sehr wohl wahrgenommen hatten. In diesem Zusammenhang am berühmtesten ist die Erzählung *Chirbat Chisa* (1949) von S. Yizhar (Yizhar Smilansky), in der er die Traurigkeit und die Schuldgefühle eines israelischen Soldaten nach der Vertreibung der Bewohner eines arabischen Dorfes im Jahr 1948 beschreibt. «Was haben wir denn eigentlich heute hier angerichtet?» fragt sich der Held der Erzählung nach der Eroberung des Dorfes: «Wir Juden haben andere in die Verbannung geschickt.» Die Stimmen von Yizhar und anderen Autoren wurden erst ab den 1980er-Jahren diskutiert, als eine Gruppe von jüngeren Historikern die Hauptnarrative der israelischen Gesellschaft in Bezug auf 1948 hinterfragte und die sogenannte post-zionistische Welle der israelischen Geschichtsschreibung einleitete. Historiker wie Benny Morris, Tom Segev und Avi Shlaim suchten die Erklärung für den israelischen Sieg in den sozialen und politisch-historischen Prämissen. Vor allem widersprachen sie der Behauptung, die israelische Armee sei schwächer gewesen, habe aber ein hohes moralisches Niveau gehabt, vielmehr sahen sie Israel als hauptverantwortlich für die palästinensische Flüchtlingskrise. Mit der Zeit zweifelten einige Vertreter der Generation von 1948 an den Mythen, die der Krieg geschaffen hatte. In seinem Roman *1948*, der 2010 erschien, gibt der israelische Schriftsteller Yoram Kaniuk seine Erinnerung an den Krieg in einem sachlichen Ton wieder: «Wir waren ausgezogen, um Juden vom Meer ans Land zu bringen, und haben schließlich in den Jerusalemer Bergen einen Staat gegründet. Es wäre falsch zu behaupten, wir hätten für die Gründung dieses Staates gekämpft. Woher sollten wir denn wissen, wie man einen Staat gründet? Hatte es uns schon jemand vorgemacht?»

1948 in der palästinensischen Erinnerung

Auf palästinensischer Seite begann nach dem Krieg ein Exil, in dessen Zentrum die Erinnerung an das Unrecht von 1948 und die Sehnsucht nach dem verlorenen Palästina standen. Symbol dafür waren die Schlüssel zu den verlassenen Häusern, die die erste Exilgeneration angeblich immer bei sich trug. Für sie galten die Schlüssel als Beweisstücke für das Recht auf Rückkehr der Geflüchteten und ihrer Nachfahren. Dieses Rückkehrrecht ist einer der schwierigsten Punkte auf der Suche nach einer Lösung für den Konflikt, da aus israelischer Sicht die Rückkehr von inzwischen etwa fünf Millionen Palästinensern wohl das Ende des heutigen Israel bedeuten würde.

Dieses Gefühl von Enteignung und Verlust beschreibt der palästinensische Schriftsteller Ghassan Kanafani in seinem Werk. Kanafani wurde 1936 in Akko geboren und floh 1948 mit seiner Familie nach Syrien. Aufgewachsen in einem Flüchtlingslager, stieg er später zum Sprecher der «Volksfront zur Befreiung Palästinas» auf, die von der EU als Terrororganisation betrachtet wird. 1972 wurde er im Libanon durch eine Bombe in seinem Auto getötet. In Kanafanis Erzählung *Rückkehr nach Haifa* (1967) geht es um die Geschichte eines palästinensischen Ehepaares, das 1948 aus Haifa geflohen war und sein fünf Monate altes Baby Chaldun hatte zurücklassen müssen. In ihrem Exil an der Westbank bekamen sie noch einen weiteren Sohn namens Chaled, der sich, obwohl der Vater es verboten hatte, den palästinensischen Kämpfern der Fedajin anschließen wollte, was zu Spannungen mit dem Vater führte. Nach 1967 kehrte die Familie auf der Suche nach Chaldun in ihr altes Haus in Haifa zurück, um schließlich zu entdecken, dass dieser von einem Ehepaar, das den Holocaust überlebt hatte und nun in diesem Haus wohnte, als deren israelischer Sohn Dov großgezogen worden war. Jetzt war Chaldun-Dov ein Soldat in der israelischen Armee und warf seinen biologischen Eltern deren Passivität und Hilflosigkeit vor. Die Tatsache, dass sie ihr Kind nicht gesucht hatten, überzeugt Chaldun-Dov, seine israelische Identität zu behalten. Auf dem Weg zurück nach Ramallah erschienen den Eltern ihre beiden Kinder als Repräsentanten der palästinensischen Existenz, der eine (Chaldun-Dov) der Vergangenheit und der andere (Chaled) der Zukunft: «Dov ist unsere Schande, Chaled dagegen ist unsere bleibende Ehre.» Die Geschichte endet mit der Hoffnung des Vaters, dass Chaled sich am Ende doch den Fedaijin anschließen wird.

Eine andere literarische Form der Erinnerung kultivierte der Dichter Taha Muhammad Ali, der ein Exil innerhalb Israels erlebte: Als Kind war er mit seiner Familie aus seinem Dorf Saffuriyya in die nahe gelegene Stadt Nazareth geflohen, wo er – später als israelischer Staatsbürger – einen Souvenirstand neben der Verkündigungsbasilika betrieb. Seine Gedichte reflektieren die existentielle Situation und Sehnsucht des Exilanten. In einem 1988 verfassten Gedicht, das das Andenken an sein zerstörtes Dorf vierzig Jahre nach der Nakba zum Inhalt hat, schrieb er:

Die Vergangenheit schläft an meiner Seite
Wie das Klingen
An der Seite seines Großvaters schläft,
Des Glockenläutens.
Die Verbitterung folgt mir
Wie die Küken
Der Henne folgen,
Und der Horizont,
Dieses über Sand und Tränen
Fest geschlossene Augenlid –
Was hinterließ er,
Was versprach er Dir?

Ein aktives Gedenken an die Nakba wird auch in Israel durch die israelische Organisation «Zochrot» hochgehalten, die Veranstaltungen und Führungen in die zerstörten arabischen Dörfer organisiert. Oft sind die Ausflüge von Zeitzeugen begleitet, die von ihren Erinnerungen an das Dorf und die Vertreibung oder die Flucht erzählen.

Mit den Jahren entwickelte sich das palästinensische Exil zu einer weltweit verstreuten Diaspora, in deren Zentrum die Erinnerung an das verlorene Land steht. Inzwischen interessiert sich auch die jüngere Generation für ihre Diasporaidentität und den Bezug zu den jeweiligen Mehrheitsgesellschaften in den verschiedenen Ländern. Die palästinensisch-amerikanische Anthropologin Lila Abu-Lughod beschrieb das so: «Ich weiß, dass ich nicht leben muss [...] wie mein Vater es getan hat, als eine ‹Vollzeit-Palästinenserin›, auch wenn meine emotionale Verbundenheit real ist. [...] Wonach ich mich sehne, ist eine Darstellung der Wahrheit unserer Geschichte, die unterschiedliche Menschen in den USA, die nicht wissen, was wir wissen, überzeugen kann.» Die dänisch-palästinensische Künstlerin Larissa Sansour vertrat Dänemark 2019 auf der Biennale in Venedig mit «Heirloom» (Erbstück), einem Sciencefiction-Film, der in Bethlehem spielt und einen Generationenkonflikt innerhalb der palästinensischen Gesellschaft zeigt, zwischen Eltern und Großeltern, die nicht loslassen können, und den Jungen, die andere Zugänge zu ihrem verlorenen Land suchen. Das Jahr 1948, das für das Ende des Exils für das eine Volk steht, ist zugleich der Beginn des Exils und der Diaspora des anderen.

Doch ist es wichtig, daran zu erinnern, dass es auch Flüchtlinge auf der jüdischen Seite gab. Für Juden in vielen arabischen Ländern wie dem Jemen, Ägypten oder Libyen wurde die Situation in ihren Heimatländern nach der Staatsgründung unerträglich, und die antisemitischen Übergriffe stellten eine zunehmende Gefahr dar. Aus diesem Grund mussten auch fast alle irakischen Juden nach 2600 Jahren das Land verlassen. Von 1950 bis 1952 gelangten mehr als 120 000 Menschen über eine von der israelischen Regierung organisierte Luftbrücke nach Israel. Wie die Palästinenser ließen auch sie ihr Vermögen zurück.

Da Israel zu arm war, wurden die irakischen Juden in Flüchtlingslagern, in Maabarot (Baracken), interniert. Ihr Integrationsprozess in die israelische Gesellschaft war lang und schmerzhaft, aber am Ende erfolgreich. Der israelische Historiker Benny Morris hat vorgeschlagen, das Flüchtlingsproblem als Bevölkerungsaustausch zu betrachten. Während allerdings Israel seine Flüchtlinge in die eigene Gesellschaft aktiv aufnahm, hatten die arabischen Länder kein Interesse daran, die palästinensischen Flüchtlinge in ihre Gesellschaften zu integrieren. Denn für sie dienten die Flüchtlingslager in der internationalen Politik als Druckmittel gegen Israel.

Die Grenzkriege und die Suezkrise

1949, am Ende des Krieges, waren Israels Grenzen noch nicht festgelegt. Palästinensische Flüchtlinge, die zum Teil nicht weit von ihren verloren gegangenen Dörfern interniert waren, kehrten in den Nächten als Infiltranten zurück. Während der Jahre 1948/49 versuchten sie zumeist, Eigentum aus ihren Häusern zu holen oder ihre ehemaligen Felder abzuernten und neu zu bestellen. In der Infiltration sah Israel eine Gefahr und war bemüht, die Grenzen auch unter Einsatz von Gewalt zu schützen. So kam es vor, dass Grenzgänger angeschossen, festgenommen und neuerlich vertrieben wurden, oft, nachdem man sie geschlagen hatte. Ab 1950 änderte sich der Charakter der Infiltrationen, von da an lag der Schwerpunkt auf Sabotage und Diebstahl in den jüdischen landwirtschaftlichen Siedlungen, was oft zu schweren finanziellen Verlusten führte. Schließlich beschloss man, sich mit Vergeltungsaktionen auf der jordanischen und ägyptischen Seite zu wehren. Dazu wurde in der israelischen Armee die «Einheit 101» unter dem Kommando eines jungen Offiziers namens Ariel Sharon gegründet. Wie grausam diese Einheit vorging, zeigte 1953 ein Massaker im palästinensischen Dorf Qibya im Westjordanland, dem 60 Zivilisten zum Opfer fielen. Vorausgegangen war ein palästinensischer Anschlag, bei dem eine Mutter und ihre zwei Kinder getötet worden waren. Die Welt reagierte mit Entsetzen, und in der israelischen Politik wuchs die Spannung zwischen der «aktivistischen» Fraktion

Ben-Gurions, die die Sicherheit Israels mit militärischer Gewalt erreichen wollte, und den «Moderaten» um Außenminister Moshe Sharet, die einer Politik der Entspannung als einem zentralen Faktor für Israels Sicherheit den Vorzug gaben und sich gegen Vergeltungsmaßnahmen stellten. Trotzdem blieb die Ideologie der «Aktivisten» die herrschende Linie. Doch nach Qibya beschränkten sich die Aktionen der israelischen Armee auf rein militärische Ziele. Auch auf palästinensischer Seite verschärften sich die Angriffe, die nun von den Fedajin ausgeführt wurden, Milizen, die bis 1967, immer besser organisiert, einen Guerillakampf gegen Israel führten.

Ende April 1956 hielt der damalige Oberbefehlshaber Moshe Dayan einen Nachruf auf Roi Rotberg, den blutjungen Sicherheitsoffizier des Kibbuz Nachal Oz nahe der Grenze zum ägyptischen Gaza, der am Vortag von einer Fedajingruppe aus einem Hinterhalt getötet worden war. In der Gedenkrede, die als eines der zentralen, richtungsweisenden Dokumente in der frühen Geschichte Israels gilt, gab Dayan nicht den Mördern die Schuld: «Nicht von den Arabern in Gaza, sondern von uns selbst haben wir Rois Blut zu fordern. Wie haben wir die Augen vor unserem Schicksal verschließen können, um nicht die Bestimmung unserer Generation in ihrer vollen Grausamkeit zu sehen? Wir sind die Generation, die das Land besiedelt hat, ohne Stahlhelm und Geschützmündung werden wir keinen Baum setzen und kein Haus bauen können. Dies ist die Wahl unseres Lebens – gefasst und bewaffnet zu sein, stark und unnachgiebig. Denn sollte das Schwert unserer Faust entgleiten – wird unser Leben ausgelöscht werden.»

In den 1950er-Jahren stellte Ägypten nicht nur wegen der Stärke seiner Armee die größte Bedrohung dar, sondern auch, weil es die Fedajin in Gaza unterstützte. 1955 bekräftigte Gamal Abdel Nasser seine Allianz mit der Sowjetunion durch ein großes Waffengeschäft mit der Tschechoslowakei, das die Machtbalance in der Region gefährdete. Israel dagegen fand in Frankreich einen Alliierten für seine militärische und nukleare Aufrüstung. Im Westen wuchs die Angst, dass sich Ägypten dem kommunistischen Block anschließen könnte. Die Sorge eskalierte im Sommer 1956, als Nasser den Suezkanal, bis dahin in britischem und französischem Besitz, verstaatlichte. Im Oktober verständigten sich die zwei Großmächte mit Israel auf eine gemeinsame Strategie: Israel sollte die Halbinsel Sinai erobern, um sich in Port Said mit den britischen und französischen Fallschirmspringern zu vereinen. Frankreich und Großbritannien würden ihre Kontrolle über den Kanal wiederherstellen, während Israel den Sinai behalten und damit das Problem der Terroraktionen aus Gaza lösen könnte. Am 30. Oktober begann die israelische Invasion und am 5. November war Zahal schon am Suezkanal, allerdings verzögerten sich die britischen und französischen Operationen aufgrund von Fehlplanungen, sodass nur das nördlichste Ende des Kanals erreicht wurde. Am selben Tag akzeptierten Israel und Ägypten die Bedingungen eines Waffenstillstandes, die von der UNO ausgehandelt worden waren, woraufhin die zwei europäischen Mächte in einer höchst peinlichen Situation steckten. In einem der seltenen Momente während des kalten Krieges fanden sich die USA und die Sowjetunion auf der gleichen Seite und beide, zusammen mit der UNO, verstärkten ihren Druck auf die kriegführenden Parteien, die Aktion zu beenden und ihre Armeen zurückzuziehen, was diese auch umgehend taten. Israels Truppen rückten langsamer zurück, die letzten Einheiten verließen die Halbinsel Sinai am 15. Januar 1957, ohne dass das Land dafür konkrete Garantien für seine Sicherheit oder die freie Seefahrt durch die Straße von Tiran oder den Suezkanal erhielt. Infolge des Krieges verloren Großbritannien und Frankreich ihre Position als Weltmächte, wohingegen die USA zum Repräsentanten der Interessen des «Westens» aufstiegen. Nasser präsentierte den Krieg als Sieg und Ägypten wurde mit Unterstützung der Sowjetunion zum führenden Land in der arabischen Welt. Dieser Krieg jedoch – der in Israel als Sinai- oder Kadesch-Krieg und in Ägypten als «die trilaterale Aggression» bekannt ist – forcierte den israelisch-arabischen Konflikt. Obwohl die Infiltrationen und der Terror an den Grenzen Israels radikal zurückgingen, begann Nasser nach 1956 zum ersten Mal über die Vernichtung Israels und eine «dritte Runde» zu sprechen.

III. Vom Schmelztiegel zur Mosaikgesellschaft

Im Winter 1964 erhielt das israelische «Komitee zur Genehmigung öffentlicher Auftritte von Künstlern aus dem Ausland» die Bitte vorgelegt, ein Konzert von vier Musikern aus England zu bewilligen. Die halbwüchsigen Künstler, die in einer Band mit dem Namen «The Beatles» spielten, waren gerade dabei, auch international Karriere zu machen. Getragen von Befürchtungen, dass die jungen Musiker mit ihrem Aussehen und Stil «einen negativen Einfluss auf die Jugend» ausüben könnten, lehnte das Komitee das Ansuchen ab. Auch die Presse war gegen die Initiative, und die Tageszeitung *Maariv* schrieb: «Das Yeah-Yeah-Yeah-Geschrei könnte echte Käfer umbringen ... das hat kein Niveau.» In einer Diskussion zum Thema in der Knesset, dem israelischen Parlament, betonte der Stellvertreter des Erziehungsministers, die Entscheidung verteidigend: «Künstlerisch hat diese Sängergruppe keinen besonderen Wert, und ihre Aufführungen werden überall von hysterischem Geschrei, Toben und Wüten der Jugend begleitet.»

Die Ablehnung und die Reaktionen darauf waren symptomatisch für die Bemühungen der Regierung während der 1960er-Jahre, die israelische Gesellschaft vor dem Einfluss der Außenwelt und damit zusammenhängenden Veränderungen zu bewahren. Die Werte der Gemeinschaft und der Sabra-Kultur, die nach dem Krieg von 1948 im Land beschworen wurden und die Gesellschaft zusammenhalten sollten, hatten sich zusehends überlebt und mussten von der Regierung angesichts der unvermeidbaren Prozesse von Individualisierung und Privatisierung unter Schutz gestellt werden.

Die Spannung, die die «Beatles-Affäre» widerspiegelt, steht für die Entwicklung des israelischen Kollektivs vom Schmelztiegel, der eine kulturell homogene Gesellschaft repräsentiert, zu einer heterogenen Mosaikgesellschaft, bei der jeder Teil seinen eigenen Charakter kultiviert. Dieser Prozess ist in fast allen Bereichen des Lebens erkennbar, seitdem sich die Gesellschaft langsam von dem kollektiven Ethos der Gründerzeit entfernt hat und das Individuum mit seinen privaten Bedürfnissen immer mehr ins Zentrum rückte.

2008, kurz vor Paul McCartneys erstem Besuch in Israel, reiste der israelische Botschafter in London nach Liverpool und überreichte am Beatles-Museum John Lennons Schwester einen offiziellen Entschuldigungsbrief des Staates Israel an die Beatles für die damalige Ablehnung, die vielen Israelis bis heute als eine der großen versäumten Möglichkeiten in der Geschichte ihres Landes gilt.

1. Jüdisch und demokratisch: Religion und Staat in Israel

Die Entstehung Israels als souveräner Staat markierte den Übergang von einem Kollektiv, das kraft genereller Billigung durch seine Mitglieder geführt wurde, zu einer Gesellschaft, die von der Macht eines Staates durch Gesetze regiert wird. Durfte vorher jede politische Fraktion des Jischuws die Autorität der Mehrheit ablehnen, hatte nun der Staat die Befugnis, Gehorsam zu erzwingen. Ben-Gurions politisches Richtmaß von Auftrag und Rolle des Staates lässt sich mit dem nur schwer übersetzbaren Begriff der «Mamlachtiut», der «Staatlichkeit», zusammenfassen. Nach diesem Prinzip sollen so viel Autorität und Macht wie möglich in den Händen des Staates bleiben und so wenige Institutionen wie möglich zwischen dem Staat und seinen Bürgern operieren. In diesem Sinne entschied Ben-Gurions Partei MAPAI, mit keiner der extremen Fraktionen des politischen Spektrums eine Koalition einzugehen. So blieben die rechtsrevisionistische Partei «Herut» (Freiheit), die unter der Führung von Menachem Begin aus dem Etzel entstanden war, und die israelische kommunistische Partei (MAKI) in der Opposition. Auch die zweitgrößte Partei MAPAM (Vereinte Arbeiterpartei), die die Kibbuz-Bewegung repräsentierte, war für Ben-Gurion aufgrund ihrer Orientierung an Stalins Sowjetunion nicht koalitionsfähig. Als zentraler Partner kam für ihn nur die «Vereinigte Religiöse Front», ein Bündnis aller religiösen Parteien, infrage.

In einer der ersten großen Debatten der Knesset ging es um eine Verfassung für den neuen Staat. Die Parteien der Opposition unterstützten diese Idee, doch die Koalition zögerte: Die Fraktionen hatten nämlich ein sehr unterschiedliches Verständnis von der Bedeutung eines jüdischen Staates, und die Unstimmigkeiten konnten sehr wohl zu Spaltungen und einem «Kulturkampf» zwischen religiösen und säkularen Juden führen, der die notwendige Einheit des Volkes in diesem entscheidenden Moment und Ben-Gurions Prinzip der Staatlichkeit bedrohte. Obwohl der junge Staat sich gegen eine definierte Verfassung entschied, besaß die Knesset immerhin die Macht, Grundgesetze zu erlassen, die als Fundament für eine zukünftige Verfassung dienen sollten. Bis heute hat sie zwölf solcher Gesetze durchgebracht. So hat Israel weiterhin keine Verfassung, doch der Kulturkampf zwischen Religiösen und Säkularen im Land war unvermeidbar und blieb eine der zentralsten Komponenten der israelischen Gesellschaftsentwicklung. Im Kernbereich dieser Spannung stand und steht die Frage, wie sich das spezifisch jüdische Israel mit dem demokratischen Charakter des Staates in Deckung bringen lässt.

Am 5. Juli 1950 erließ die Knesset das Rückkehrgesetz, das Israels Selbstverständnis als Zufluchtsort für Juden aus aller Welt mit dem Ziel markiert, Katastrophen wie den Holocaust in der Zukunft zu verhindern. Danach hat jede Jüdin und jeder Jude das Recht, nach Israel zu emigrieren und Staatsbürger zu werden, wenn sie/er das Gesundheitswesen und die Sicherheit des Staates nicht gefährdet und nicht «gegen das jüdische Volk agiert». Das Rückkehrgesetz verankerte die Idee des Staates Israel als jüdischer Nationsstaat und verwandelte die Frage des Judentums und der jüdischen Identität seiner Individuen in eine politische Frage mit juristischen und praktischen Konsequenzen. Da das Gesetz den Terminus «Jude» nicht definiert, wurde die Frage «Wer ist Jude?» besonders brisant und kompliziert, vor allem weil der Bezug zur jüdischen Religion bei den Individuen und Gruppen recht verschieden war.

Das Judentum kann grob in drei Kategorien aufgeteilt werden: zum einen die säkularen Juden, die im Judentum mehr eine Kultur als eine Religion sehen und nur wenige oder gar keine religiösen Gebote befolgen. Diese Gruppe hat den Staat gegründet und aufgebaut, da die meisten Zionisten der Staatsgründungszeit säkulare, akkulturierte europäische Juden waren; zum zweiten diejenigen, die aus der Reformbewegung und dem konservativen Judentum kommen, welche beide im Deutschland des 19. Jahrhunderts entstanden und in den USA weiterentwickelt wurden. Diese Strömungen interpretieren die Halacha – das jüdische religiöse Gesetz – jede auf ihre Weise in einer weniger strengen Art als die Orthodoxie, um es dem modernen Alltag anzupassen. Hier sitzen zum Beispiel Frauen und Männer beim Gebet nicht getrennt wie in orthodoxen Synagogen und Frauen dürfen seit den 1970er Jahren auch Rabbinerinnen werden, was in der Orthodoxie zum dritten undenkbar ist. Letztere teilt sich in zwei Hauptgruppen: Die erste ist die national-religiöse Bewegung, die den jüdischen Nationalismus mit der religiösen Verheißung kombiniert. Hierzu gehören die religiösen Siedler im Westjordanland. Die zweite Gruppe sind die Charedim, die Ultra-Orthodoxen, die einen streng religiösen Lebensstil führen und sich selbst als Nicht-Zionisten, ja sogar als Anti-Zionisten sehen. Diese fächern sich wiederum in drei Fraktionen auf: die Chassidim, die orthodoxen Litvaks (litauische Juden) und die sefardische Orthodoxie. Die ersten beiden entstanden als konkurrierende Bewegungen im Osteuropa des 18. Jahrhunderts. In Israel kamen sie sich angesichts der Säkularisierung im Lande näher. Die beiden Gruppen kann man auch an ihrem Aussehen unterscheiden: Während sich die chassidischen Männer nicht rasieren, Seitenlocken tragen, dünne lange Mäntel anziehen und am Schabbat und an Feiertagen einen dicken Pelzhut – Shtreimel – tragen, haben die Litvaks ein «westlicheres» Aussehen: Sie dürfen sich rasieren, tragen kürzere Sakkos und manchmal Krawatten sowie breite runde schwarze Stoffhüte. 1992 wurden die politischen Parteien der beiden Gruppen unter der Liste «Jahadut Hatora» vereint. Die dritte Gruppe, die sefardische Orthodoxie, wurde von aus arabischen Ländern stammenden

Juden (Misrachim) gegründet. Ihre Partei, SHAS, hat seit 1984 Repräsentanten in der Knesset und sieht sich als Protestbewegung gegen die Diskriminierung der Misrachim. Der Bekleidungscode dieser Gruppe ähnelt weitgehend dem der Litvaks. 2018 machten die Charedim immerhin 12 Prozent von Israels Bevölkerung aus. In der Knesset nehmen ihre Parteien in den letzten zehn Jahren mit 16 Abgeordneten ca. ein Achtel der Sitze ein, was den Charedim beträchtliche politische Macht verleiht. Seit 1977 sind die charedischen Parteien bis auf wenige Ausnahmen auch Teil der regierenden Koalitionen.

In Israel wird nur das orthodoxe Judentum als Staatsreligion anerkannt. Damit gilt für den Staat in der Frage, wer «Jude» ist, nur die Interpretation der Orthodoxie: Jüdin oder Jude ist lediglich jemand, der eine jüdische Mutter hat oder zum Judentum übergetreten ist und keine andere Religion praktiziert. Die Frage des Übertritts ist zentral, da sie das Recht auf die israelische Staatsbürgerschaft bedeutet. Deshalb akzeptiert Israel nur den orthodoxen Übertritt, der viel aufwendiger ist als die reformorientierte oder konservativ ausgelegte Konversion. Das Rückkehrgesetz wurde aber im Laufe der Zeit novelliert, um es der Entwicklung im Land anzupassen, seit 1970 schließt es deshalb auch Kinder und Enkelkinder mit ein, auch wenn sie selbst nach der Halacha nicht jüdisch sind. Dieses Gesetz ist ein gutes Beispiel für die Spannungen zwischen Religion und Demokratie im jüdischen Staat, weil es nämlich Juden eindeutig mit dem Angebot ungehinderter Einbürgerung bevorzugt, ähnlich wie Deutschland Menschen mit deutscher Abstammung automatisch die Staatsbürgerschaft gewährt. Gleichzeitig ermöglicht Israel als Demokratie auch Nicht-Juden, israelische Staatsbürger zu werden. In diesem Fall läuft der Einbürgerungsprozess wie in jedem anderen Staat ab. Im heutigen Israel ist ein Viertel der Staatsbürger nichtjüdisch, die meisten von ihnen Araber, die nach dem Krieg von 1948 in Israel geblieben sind.

Der Einfluss der Ultra-Orthodoxie auf die israelische Gesellschaft beruht nicht nur auf der politischen Macht ihrer Parteien in der Knesset, sondern auch auf der wirtschaftlichen Reputation der Charedim. So fliegt zum Beispiel El Al, die israelische nationale Fluggesellschaft, nicht am Schabbat, um die orthodoxe Kundschaft nicht zu verlieren. Nach der jüdischen Religion ist der Samstag ein heiliger Tag, an dem orthodoxe Juden nichts tun dürfen, das der Halacha zufolge als Arbeit gilt, darunter etwa einen elektrischen Schaltkreis zu schließen oder zu unterbrechen. Da ist es auch eine Sünde, einen anderen Juden (egal ob orthodox oder nicht) zu bewegen, den Lichtschalter zu betätigen. Die Erlösung wird nach der charedischen Weltanschauung erst dann kommen, wenn alle Juden die Gesetze der Torah achten, und so bleibt es ein großes Anliegen der Ultraorthodoxen, dass auch Säkulare sich an die religiösen Gebote halten.

Diese Situation führte in den 1980er-Jahren zu den sogenannten Schabbat-Kämpfen: Ultraorthodoxe protestierten gegen alles, was in ihren Augen die Schabbatverbote verletzte. So wurde erst 1986, nach etlichen Demonstrationen säkularer Staatsbürger (die damals ca. 73 Prozent der jüdischen Bevölkerung der Stadt ausmachten), das erste Kino in Jerusalem auch am Freitagabend geöffnet, was heftige Gegenproteste vonseiten der Charedim zur Folge hatte. Doch die meisten Auseinandersetzungen wurden auf der Straße ausgetragen, die die Innenstadt mit der nördlichen Nachbarschaft Ramot-Alon verbindet. In letzterer lebte zwar mehrheitlich eine säkulare Bevölkerung, entlang der Straße jedoch befanden sich ultraorthodoxe Nachbarschaften. Dort warfen jeden Samstag Gruppen von Charedim Steine auf fahrende Autos. Diese gewalttätigen Aktionen hörten erst auf, nachdem von der Stadt die jeweiligen Straßen am Samstag gesperrt und stattdessen Umleitungen gebaut worden waren, die weiter entfernt von den charedischen Nachbarschaften lagen. Heute ist das Problem weniger akut, da sich die ehemals säkulare Nachbarschaft Ramot-Alon sukzessive in eine ultraorthodoxe Gegend verwandelt hat. Verantwortlich dafür ist der demographische Wandel. So nimmt die Zahl der Charedi-Gemeinschaft seit 2009 um 4,2 Prozent pro Jahr zu, um mehr als das Doppelte im Vergleich zur allgemeinen israelischen Bevölkerung. Im Jahr 2018 hatte – dem Israel Democracy Institute zufolge – eine charedische Familie im Durchschnitt 7,1 Kinder, säkulare Familien nur 2,2. Mit 58 Prozent der Bevölkerung unter 20 Jahren (im Vergleich zu 30 Prozent im sonstigen jüdischen Anteil Israels), so zeigen die Prognosen des Instituts, wird der charedische Anteil in der jüdischen Gesellschaft bis 2064 mehr als 60 Prozent betragen. Abgesehen von der Tatsache, dass eine rasch wachsende Gesellschaft Wohnraum braucht, wird die jüdische Orthodoxie – auch durch ihren Einfluss auf die Politik – in der Gesellschaft immer dominanter.

Andererseits bilde die demographische Statistik, schrieben 2018 die israelischen Forscher Shmuel Rosner und Camil Fuchs, insofern nicht die ganze Realität ab, als sie zukünftige Veränderungen – wie etwa die Tatsache, dass 23 Prozent der jungen Charedim und 52 Prozent der Nationalreligiösen die Welt ihrer Eltern verlassen – in den Geburtsmustern nicht berücksichtige.

Tatsächlich ist auch die säkulare und liberale Kultur in Israel heute präsenter denn je. War es Anfang der 1980er-Jahre noch undenkbar, am Freitag und Samstag Kinos und Nachtklubs in Jerusalem zu öffnen, gibt es heute auch am Schabbat eine Vielzahl von Restaurants, Bars und kulturellen Aktivitäten in der Stadt. Tel Aviv hat sich als eine Festung der säkularen, liberalen und freien Kultur etabliert. Seit Anfang der 1990er-Jahre bewirbt sich Tel Aviv als «Nonstop City», in der sich alles um das Nachtleben dreht und gesellschaftliche und kulturelle Pluralität gefeiert werden. Die Gay-Pride-Paraden in Israel fanden 2019 in 26 verschiedenen Städten statt, sogar in Jerusalem und der gemischten Stadt Beit Schemesch, in der mehr als 50 Prozent der Einwohner Charedim sind.

Die Spannung zwischen Staat und Religion wächst ständig; einer der Gründe dafür ist die breite Akzeptanz der ultraorthodoxen Autorität von Seiten der Säkularen. Ein gutes Beispiel ist das Thema Heirat: In Israel ist eine Eheschließung nur religiös möglich. Da offiziell nur die Orthodoxie als jüdische Religion anerkannt wird, können Hochzeiten zwischen Juden – auch für Säkulare – nur über das orthodoxe Rabbinat durchgeführt werden. Diese extreme Situation wird dadurch gemildert, dass das Land standesamtliche Ehen, die im Ausland geschlossen wurden, akzeptiert. So können Paare, deren eine Seite nicht als jüdisch anerkannt wird, Paare, die zum reformierten oder konservativen Judentum gehören, oder aber Säkulare, die die orthodoxe Autorität nicht akzeptieren, ihre im Ausland geschlossene Ehe in Israel registrieren lassen. Auch die Verbindungen von Homosexuellen, die im Ausland geheiratet haben, werden auf diese Weise anerkannt. Dem israelischen Büro für Statistik zufolge wurden 2016 in Israel 52 809 Hochzeiten gefeiert, 9031 Ehen wurden in dem Jahr im Ausland geschlossen. Wegen seiner geographischen Nähe ist das beliebteste Hochzeitsziel Zypern, weshalb einige Reisebüros einen Pauschal-Hochzeits-Deal über das Wochenende anbieten. Obwohl Israel diese Art von Eheschließung anerkennt, laufen Scheidungen ausnahmslos über das orthodoxe rabbinische Gericht.

Die Geschichte dieser komplexen Beziehung zwischen Orthodoxie und Säkularismus in Israel ist so alt wie die Geschichte des Staates selbst. Am 19. Juni 1947 schickte Ben-Gurion einen Brief an die ultraorthodoxe Partei Agudat Israel, in dem er einen «Status Quo» in den Beziehungen zwischen Religion und Staat definierte. Obwohl Israel ein freier Staat sein werde und keine Theokratie, erklärte Ben-Gurion, solle in einigen Aspekten Rücksicht auf den orthodoxen Lebensstil genommen werden. Angeführt waren der Schabbat als offizieller Ruhetag; koscheres Essen, zubereitet nach den strengen orthodoxen Bräuchen und in offiziellen Küchen serviert; Familiengesetze und durch das Rabbinat geregelter persönlicher Status sowie das Recht des orthodoxen Judentums auf ein eigenständiges Erziehungssystem mit einem Minimum an Pflichtfächern wie Hebräisch, Geschichte und Wissenschaft. Diese Vereinbarung sollte die Basis für viele Konflikte in den folgenden Jahren werden, das heikelste Thema jedoch wurde schon während des Krieges akut: die Frage der Einberufung charedischer Männer in die Armee, die in Jeschiwot, religiösen Torah-Schulen, eingeschrieben waren. Damals waren 400 Schüler der Jeschiwot vom Militärdienst befreit, solange sie dort studierten. Mit den Jahren wuchs die Zahl dieser Schüler, und ihre Befreiung vom Dienst in der Armee hatte zweierlei Folgewirkungen: Auf der einen Seite hatten die Säkularen den Eindruck, sie allein trügen die Last der Sicherheit Israels, und zum anderen hielten sich junge Ultraorthodoxe viele Jahre lang in ihren Jeschiwot auf, nur um nicht in die Armee eingezogen zu werden. Das wiederum führte zu hoher Arbeitslosigkeit unter den Betroffenen, da sie die Torah-Schulen erst in fortgeschrittenem Alter verließen, oft zu spät, um noch einen Beruf zu erlernen. So ergab sich ein Phänomen, das nirgendwo sonst in der jüdischen Welt existiert, dass nämlich viele ultraorthodoxe Juden nicht arbeiten und auf die Sozialhilfe des Staates angewiesen sind.

Die Frage der Einberufung der Charedim in die Armee ist ein zentrales Thema in der israelischen Politik geblieben und Grund für viele Konflikte. Zuletzt erst scheiterte Benjamin Netanjahus Versuch, eine Koalition zu bilden, im Sommer 2019, weil sich Avigdor Lieberman, der Chef der rechten säkularen Partei «Jisra'el Beitenu» (Israel unsere Heimat), geweigert hatte, auf die Forderung nach einem Gesetz, das den Militärdienst auch der Jeschiwa-Schüler regeln sollte, zu verzichten.

2. Zentrum und Peripherie: Ein Einwanderungsland

Die Förderung der Alija, der jüdischen Einwanderung, gehört zu den zentralsten Anliegen des Staates Israel. Sie wird als eine der Maximen des Zionismus betrachtet, auch nach der Gründung des Staates. Im Wachstum des jüdischen Bevölkerungsanteils, in der Stärkung der militärischen Präsenz sowie in der Verdichtung der Siedlungen in den Grenzregionen sieht Israel die Sicherung seiner Existenz. Für diese Zielsetzungen bleibt auch die aktive Integration der Neuankömmlinge eine wichtige Aufgabe. Deshalb gibt es seit 1968 sogar ein eigenes Ministerium, das sich um die Aufnahme, die notwendige Unterstützung und die Integration der Olim – Einwanderer – in die israelische Gesellschaft kümmert. Vielleicht mehr als jeder andere Aspekt spitzt die Einwanderung das alte Problem des Zionismus zu: Wie kann aus den verschiedenen Judentümern der Welt eine Nation entstehen? Als nach der Entstehung des Staates das territoriale Problem gelöst war, blieb doch die Frage nach der israelischen Identität: Wie schafft man aus den verschiedenen Diasporakulturen eine funktionierende Gesellschaft?

Die erste Einwanderungswelle war auch die massivste in der Geschichte des Staates. Zwischen 1948 und 1951 kamen mehr als 650 000 jüdische Flüchtlinge aus Europa, dem Irak und dem Jemen in Israel an, woraufhin sich die Bevölkerung innerhalb von drei Jahren verdoppelte. Die Kriegssituation und die fehlenden Mittel zur Aufnahme der Neuankömmlinge führten dazu, dass sie in eigenen Barackenlagern (Maabarot auf Hebräisch) untergebracht wurden, in denen die sanitäre und soziale Lage weitgehend prekär war. Für Einwanderer aus dem Irak erwies sich die Assimilation als besonders beschwerlich. Nach dem Sieg Israels im Krieg von 1948 war die Situation der Juden im Irak aufgrund des wachsenden, gewalttätigen Antisemitismus unhaltbar geworden. In der Operation «Ezra und Nehemia» wurde eine ganze Gemeinde von 120 000 gut integrierten und zum Teil wohlhabenden Menschen abrupt aufgelöst und über eine Luftbrücke nach Israel gebracht. Mit ihrer Emigration verloren die irakischen Juden neben ihrem gesamten Vermögen auch ihren Status: Statt in ihren alten Häusern in relativer Fülle in Bagdad zu leben, hausten sie jetzt in schäbigen Zelten oder armseligen, staubigen und oft verwanzten Barackenlagern. Viele empfanden die Ankunft in Israel als Trauma, wenn etwa Beamte der Jewish Agency noch im Flugzeug ihre dem Anlass gemäß gewählte festliche Kleidung mit DDT besprühten. Darüber hinaus war ja die Kultur des neuen Staates weithin europäisch geprägt, und die Institutionen vom MAPAI nahmen Juden aus arabischen Ländern herablassend als fremd und «primitiv» wahr. Dazu kam, dass ihre Kultur arabisch bestimmt war, sie also immer wieder mit dem «Feind» identifiziert wurden und ständig ihre Loyalität gegenüber der «richtigen» Seite beweisen mussten.

Viele der Immigranten dieser Jahre wurden – meist ohne ihr Wissen – an die Peripherie des Landes geschickt, etwa in «Entwicklungsstädte» in der südlichen Negev-Wüste oder im Norden Israels. Damit bezweckte die Regierung, die Bevölkerung besser zu verteilen, eine Überbevölkerung in den Städten zu vermeiden und die Sicherheit Israels durch die Stärkung der Grenzregionen zu erhöhen. Mit der Zeit nahmen diese Ansiedlungen, zum Beispiel Arad oder Kirjat Schmona, selbst Stadtstrukturen an und erfüllten damit weithin ihren geplanten Zweck.

In den zwei Jahrzehnten nach der Staatsgründung erlebte Israel besonders große Einwanderungswellen aus dem Maghreb, vor allem aus Marokko. Stigmatisiert von antikolonialistischen Unabhängigkeitsbewegungen, die sie als Feinde aufstrebender nationalistischer Fraktionen betrachteten, wuchs nach zwei dramatischen Pogromen die Unsicherheit der jüdischen Bewohner mit der Folge, dass sich eine Viertelmillion von ihnen entschloss, auf illegalen oder offiziellen Wegen nach Israel zu emigrieren. Wie die irakischen wurden auch die maghrebinischen Juden dort mit der Aufforderung empfangen, ihre Misrachi-Identität, das heißt die arabische und jüdisch-arabische Kultur des Ursprungslandes, aufzugeben und sich der mehrheitlich aschkenasischen, aus Europa stammenden Kultur anzupassen. Die kulturelle und soziale Marginalisierung der Misrachim führte immer wieder zu gewalttätigen Protesten gegen diese Art der Diskriminierung. 1959 brachen in Haifas Nachbarschaft Wadi Salib Unruhen aus, nachdem ein Polizist einem aus Marokko stammenden Mann in die Beine geschossen hatte, und Anfang der 1970er-Jahre bildete sich in Jerusalem eine Bewegung junger, aus Marokko stammender Männer, die gegen die Diskriminierung und Vernachlässigung der Misrachim vonseiten der Regierung protestierten. Die Gruppe nahm den Namen der afroamerikanischen Protestbewegung «Black Panthers» an und provozierte heftige Demonstrationen in Jerusalem. Obwohl ihre Versuche, in der israelischen Politik Fuß zu fassen, scheiterten und ihre Partei bei der Wahl 1973 nicht in die Knesset kam, hatten die Proteste der Misrachim doch Einfluss auf die öffentliche Meinung.

1977 gewann die rechte Likud-Partei die Wahl, woraufhin zum ersten Mal der revisionistische Block unter Menachem Begin an die Macht kam. Begins Sieg war zum Großteil seiner Fähigkeit zu verdanken, die Gefühle der bis dahin sozial unterprivilegierten und diskriminierten Misrachim anzusprechen. Erst in den 1980er-Jahren wurde eine eigene Misrachi-Protestbewegung, die SHAS-Partei, in die Knesset gewählt, deren

Agenda ethnischen Protest mit ultraorthodoxer Blockbildung kombinierte. Diese Partei gewann schnell beträchtliche politische Macht und ist seit 1984 ständig mit 4 bis 17 Sitzen in der Knesset vertreten.

Die Alija von Juden aus Äthiopien in den 1980er-Jahren, die der israelische Geheimdienst organisierte, brachte neue Herausforderungen. Zum einen, weil viele Immigranten bei ihrer ersten Begegnung mit einem modernen industrialisierten Umfeld einen Schock erlebten, und zum anderen, weil sich hier die Frage der Hautfarbe für die Erfahrung von Diskriminierung als zentral erwies. Der Sänger und Songwriter Ehud Banai versuchte 1987 in seinem Protestlied «Schwarze Arbeit» Empathie in der israelischen Gesellschaft für diese Migrationsgruppe zu wecken, indem er sich im Refrain auf die Ursprünglichkeit ihrer Herkunft bezog: «Und ich habe ein Licht in ihren Augen gesehen, und wer weiß, ob Abraham nicht schwarz war?» In den vergangenen Jahren erlebte Israel heftige Proteste, nachdem äthiopische Israelis ohne ersichtlichen Grund von der Polizei erschossen worden waren. Beeinflusst von Tendenzen in den USA, nimmt sich diese Gruppe zunehmend als «Afro-Israelis» wahr.

Schwierigkeiten und Widerstände bei der Einbürgerung sind aber nur die eine Seite einer komplexen Konstellation. In der Tat förderte der Staat Israel aktiv die Integration aller eingewanderten Olim und alle erhielten auch konkrete Unterstützung: So wurden ihre Reisekosten nach Israel übernommen, und der Vermögensverlust wurde nach der Auswanderung ausgeglichen. Zudem bezahlten sie keinen Zoll für mitgebrachte neue Haushaltsgeräte und wurden in den ersten fünf Jahren in provisorischen Wohnungen untergebracht. Darüber hinaus entrichteten sie eine reduzierte Einkommensteuer und erhielten finanzielle Hilfe für Krippen und Kindergärten. Gleichzeitig und verständlicherweise war genau diese staatliche Hilfe immer auch ein Grund für Spannungen zwischen den Olim und der eingesessenen jüdischen Bevölkerung in Israel.

Mit den Jahren hat sich die offizielle Einstellung Israels den Olim gegenüber verändert. Von einem Modell der engen Betreuung und Begleitung durch die Regierung, die sich um ihre schnelle Integration in die Gesellschaft bemühte, ging man zu eher lockeren Vorgaben über. Statt in ein «Aufnahmezentrum» geschickt zu werden, um in einem «Ulpan» intensiv Hebräisch zu lernen und sich auf das Leben in Israel vorzubereiten, können Einwanderer seit den 1990er-Jahren einen Prozess der «direkten Aufnahme» wählen, bei dem sie ein finanzielles «Empfangspaket» erhalten, um sich dann selbst um ihre Akkulturation in alle gesellschaftlichen Bereiche zu kümmern. Dieser Wandel resultiert einerseits aus dem Rückzug Israels aus seinem bisherigen Selbstverständnis als Schmelztiegel-Gesellschaft und andererseits aus einer wachsenden Akzeptanz der verschiedenen Migranten-Gruppen als legitime Kulturen Israels.

Vielleicht den markantesten Anstoß zu diesem Wandel gab die zweitgrößte Einwanderungswelle, die Israel ab den 1990er-Jahren erlebte. Nach dem Zerfall der Sowjetunion kamen im Laufe von über 15 Jahren mehr als eine Million Juden aus den GUS-Staaten ins Land, die die Struktur der Gesellschaft nachhaltig veränderten. Die meisten dieser Einwanderer hatten wenig Bezug zum Zionismus und zur jüdischen Religion, stattdessen suchten sie eine bessere Lebensqualität und waren nicht bereit, sich sofort in die israelische Gesellschaft und Kultur einzufügen und ihr kulturelles russisches Erbe zu vergessen. So entwickelten sie, basierend auf der russischen Sprache, ihre eigene Infrastruktur, wobei ihr Beharren auf der Kontinuität ihrer alten Traditionen, ihrer Sprache und Kultur die pluralistischen Tendenzen in Israel stärkte und mit dazu beitrug, den säkularen Charakter des Staates zu erhalten. Ein bezeichnendes Beispiel ist der Wunsch nach dem «weißen» Fleisch von Schweinen, deren Züchtung in Israel außer zu Forschungszwecken verboten ist. Auch die Alija selbst, das Ideal des zionistischen Narrativs, wurde in Zweifel gezogen. 1998 äußerte Anna Isakova, aus Litauen stammende israelische Ärztin und Journalistin, arge Bedenken, «ob es Sinn mache, die jüdische Gemeinde in Litauen zu liquidieren, damit man alle ihre kulturellen Leistungen in Israel dem Vergessen anheimstelle».

Letzten Endes kann man die Geschichte der Alija, mit all ihrer Komplexität, eben doch als Erfolg bezeichnen. Die Schwierigkeiten der jeweils ersten Einwanderergeneration werden mit den nachfolgenden Generationen stetig geringer. Heute leben Angehörige verschiedener Diasporakulturen miteinander, heiraten untereinander und bilden ein Bündel von neuen und vielfältigen Identitäten, die man als «Israelitum» bezeichnen kann. Allerdings enthält das zionistische Projekt der Alija ein Paradox. Denn die erfolgreiche Umsiedlung jüdischen Diaspora-Lebens nach Israel, und damit eine Antwort auf den Antisemitismus in den Herkunftsländern, bedeutete manchmal das Ende jüdischer Diasporakulturen und Traditionen, die über Jahrhunderte in den Ursprungsländern existierten. Zentren jüdischen Lebens, die während des Holocaust nicht zerstört wurden, wie Marrakesch, Istanbul, Bengasi oder Tunis, gibt es heute nicht mehr, und jüdische Sprachen wie Ladino oder Judäo-Arabisch werden kaum mehr gepflegt. Mit den Jahren entstand bei vielen Menschen in Israel eine Art «Diaspora in der Heimat», getragen von Gefühlen, die aus der Sehnsucht nach der verlorenen Welt des Ursprungslandes herrührten. Dieses Heimweh nach dem Mikrokosmos der Eltern und Großeltern mit all seinen Traditionen rückte ein Faible für die Musik, Architektur oder die Lieblingsgerichte der abhanden gekommenen Heimat ins alltägliche Bewusstsein. Dies verbindet Israelis derselben Herkunft miteinander und gerät zu einer Art Rebellion gegen das herrschende nationale Narrativ. Manchmal avanciert das Ursprungsland auch zu einem Pilgerort, in dem man der vorigen Generation begegnen und damit etwas Neues über die wahre eigene Identität lernen kann. Die in Israel geborene und aus Marokko stammende DJane und Aktivistin Chen Elmaliach beendete einen Bericht über eine Reise nach Marokko, der im August 2019 in der Tageszeitung *Haaretz* veröffentlicht wurde, mit den Worten: «Ich weiß nicht, wie es war, und ich weiß nicht, was sein wird, ich weiß nur, dass es keinen Ort auf der Welt noch einmal gibt, zu dem ich wieder und wieder und wieder zurückkommen möchte, wie Marokko.»

Auch was die Gegenbewegung zur Alija betrifft, die «Jerida» (Abstieg), wie Israelis den Entschluss, dem Land den Rücken zu kehren, ironisch nennen, gab es über die Jahre einen Sinneswandel: 1976 noch konnte der damalige Premierminister Yitzhak Rabin auswandernde Israelis herablassend als «Abfall von Schwächlingen» bezeichnen und sie gleichzeitig als Verräter brandmarken. Heute erscheint diese Aussage anachronistisch. Hunderttausende von Israelis wohnen außerhalb Israels und bilden an Orten wie Silicon Valley, Berlin oder Warschau eine Art israelischer Diaspora. Eines der begehrtesten Objekte für Israelis ist ein zweiter Reisepass. Deutschland, Österreich, Polen, Portugal oder Spanien stellen Pässe für Israelis aus, deren Herkunft aus diesen Ländern sich nachweisen lässt. Viele Israelis sehen ironischerweise in dieser doppelten Staatsbürgerschaft eine Art Versicherung, auch wenn sie selbst gar nicht vorhaben, Israel für längere Zeit zu verlassen. Und vielleicht ist es ganz natürlich, dass sich jedes Zentrum nur durch seine Peripherie definieren lässt und sich an der Stelle der verschwundenen jüdischen Kulturen rund um die Welt jetzt wieder eine neue israelische Diaspora entfaltet.

3. Nationalismus und Sozialismus: Kibbuz

Von Anfang an war der Zionismus eng verknüpft mit den Idealen des Sozialismus. In den Augen fast aller seiner Denker sollte die zukünftig unabhängige jüdische Gesellschaft auch sozial gerecht sein. Hier verbirgt sich ein weiteres Paradox: Wie lassen sich die universalistische sozialistische Ideologie, deren Grundlage die Abschaffung des Nationalstaates bildet, mit dem partikularistischen Nationalismus auf ethnisch-religiöser Grundlage unter einen Hut bringen? Schon die ersten Zionisten beschäftigten sich intensiv mit der Frage, wie man die einander widersprechenden Konzepte vereinen kann, und diese Spannung begleitet seitdem die Geschichte Israels. Obwohl Israel bis 1977 von sozialistischen Parteien (MAPAI und in ihrer Nachfolge «Hamaarach» und «Mifleget Haavoda») regiert wurde, die unter der Führung von Ben-Gurion, Levi Eshkol und Golda Meir das Land tief geprägt haben, entstand auch in diesen Jahren ein exklusives und kämpferisches Nationalnarrativ, das gegen die Araber im Land und in den Nachbarstaaten gerichtet war.

Ein Beispiel für den Konflikt zwischen universalistischen und partikularistischen Elementen stellt die Geschichte der kommunistischen Partei MAKI dar, die seit den ersten Jahren des Staates Israel von allen Koalitionen ausgeschlossen blieb. Um zu überleben, mussten die Parteiführer ihre universalistische Ideologie immer dem partikularen Nationalnarrativ unterordnen, da MAKI sonst keine Mitglieder mehr für ihre Jugendbewegung hätte gewinnen können. Ihre Sympathie für die Araber im Land als Partner ihrer politischen Vision weckte zudem Misstrauen in der jüdischen Gesellschaft und schwächte die Partei. Auch auf der anderen Seite des politischen Spektrums war diese Spannung bemerkbar, nachdem 1977 die kapitalistische revisionistische Partei Likud unter der Führung von Menachem Begin die Wahl gewonnen hatte. Trotz ihrer rechtsliberalen Ideologie wurde der Sieg zum großen Teil mit den Stimmen der Misrachim erreicht, die auf bessere soziale Bedingungen hofften. Drei Jahre später, 1980, beschloss die regierende Likud-Partei ein Einkommenssicherungsgesetz, das Israels Status als Wohlfahrtsstaat stärkte. Wenn auch die Intention dieses Gesetzes eher Teil des jüdischen nationalen Projekts denn des sozialistischen blieb, waren die Ergebnisse die gleichen. In diesem Sinn ist es schwierig, die politische Landkarte Israels auf «klassische» Weise nach sozialistisch-linken Revieren und kapitalistisch-liberalen rechten Einflussgebieten zu parzellieren.

Der extremste und interessanteste Versuch, das Dilemma zwischen Sozialismus und Nationalismus im zionistischen Projekt aufzulösen, ergab sich im Rahmen der Kibbuz-Bewegung. Wie oben erwähnt, wurden die ersten Kibbuzim in der Zeit der zweiten und dritten Alija zwischen 1904 und 1923 gegründet. Es waren kleine Gruppen von jungen Einwanderern, Olim, die eine gerechte Gesellschaft schaffen wollten. Dabei waren ihre Ziele vielfältig: Zum einen wollten sie das Land Israel erobern und «zähmen», indem sie weithin verödete Räume in blühende, fruchtbare Landschaften verwandelten. Gleichzeitig trugen sie durch die Besiedlung vor allem von Randregionen sehr viel zur Sicherheit des Jischuws bei. So übernahmen die Kibbuzim eine Pionierrolle, die derjenigen der Siedler in Amerikas Westen ähnelte.

Neue Kibbuzim, die ohne britische Genehmigung in den 1930er-Jahren gegründet wurden, beeinflussten tatsächlich den späteren Teilungsplan des Landes. Strategisch geschickt waren jüdische Siedlungen in einer bestimmten Abfolge auf einem Gebiet errichtet worden. In dieser Rolle war es nur natürlich, dass alles Militärische für die Kibbuz-Gesellschaft besonders hohen Stellenwert besaß. Dementsprechend war auch der Anteil an Kibbuz-Bewohnern in den Führungspositionen der Armee im Verhältnis zur Gesamtbevölkerung des Landes hoch. Im Jom-Kippur-Krieg 1973 stammte fast ein Fünftel der gefallenen Soldaten aus den Kibbuzim, obwohl ihr Anteil in der jüdischen Bevölkerung gerade einmal etwas mehr als drei Prozent betrug. Statistisch gesehen bildeten die Kibbuz-Mitglieder immer eine verschwindende Minderheit in Israel. 1948 erreichte ihr Anteil mit 6,5 Prozent (47 000) der israelischen Gesamtbevölkerung in 177 Kibbuzim sein Maximum, während es im Übrigen durchschnittlich nur knapp 4 Prozent waren. Im Jahr 2005 lebten 2,2 Prozent der jüdischen Israelis (117 685) in 267 Kibbuzim. Trotz ihres geringen Anteils an der Bevölkerung spielten sie eine entscheidende Rolle bei der Entstehung des Sabra-Mythos, jenes Versuchs, durch Erziehung und Vergesellschaftung ein neues Menschenbild zu erschaffen, das als Gegenstück zum landläufigen Bild des Exiljuden dienen sollte. Die Ideale der Kibbuz-Bewegung wurden im Leitfaden ihrer Jugendorganisation «Haschomer Hazair» dargestellt, der interessanterweise den Titel «Die zehn Gebote» trägt. Darin werden unter anderem der ständige Bezug auf das jüdische Kulturerbe, Loyalität zum Staat, politischer Aktivismus und das Streben nach sozialer Gerechtigkeit sowie menschliche Solidarität, Liebe zur Natur, ein Rauchverbot und die «sexuelle Reinheit» vor der Ehe gefordert. Unter dem Einfluss der Lehren Aharon David Gordons (1856–1922) wurde das Ideal der Arbeit zu einem der wichtigsten Aspekte der Kibbuz-Bewegung. Gordon sah aus einer quasireligiösen Perspektive die physische Arbeit als zentrales Mittel an, jüdische Gemeinden aus ihrer depravierten Situation im Exil zu erlösen und sie in einen funktionierenden nationalen «Organismus» zu verwandeln.

Die Kibbuzim hatten sich zum Ziel gesetzt, nach dem Prinzip von Marx «Jeder nach seinen Fähigkeiten, jedem nach seinen Bedürfnissen» eine egalitäre und sozial gerechte Gesellschaft aufzubauen. Als Teil des radikalen Ideals der Gleichheit war die bürgerliche Familie abgeschafft und vom Kollektiv ersetzt worden. Von Anfang an lebten und schliefen alle Kinder zusammen im Kinderhaus, getrennt von ihren Eltern. In Gruppen wurden sie von Pädagogen des Kibbuz beaufsichtigt und erzogen und durften nur am Nachmittag eine festgelegte «Familienzeit» mit ihren Eltern verbringen. Die Mahlzeiten wurden für den gesamten Kibbuz in Gemeinschaftsküchen zubereitet und zusammen in einem zentralen Speise- und Versammlungssaal eingenommen. Einen Raum für einen spontanen und intimen Familienalltag gab es nicht, da alles vom Kollektiv geplant und festgelegt wurde. Die Mitglieder des Kibbuz besaßen keine privaten Bankkonten, und so entschied die Kibbuz-Vollversammlung über die Nutzung des gemeinsamen Kapitals und über das Leben der Bewohner, immer mit Blick auf das Kollektiv und nicht auf individuelle Wünsche Einzelner. Das Kollektiv entschied nach seinen eigenen Bedürfnissen, zum Beispiel darüber, wer an einer Hochschule studieren und wer vor Ort in Gewerbe, Industrie oder Landwirtschaft des Kibbuz arbeiten sollte.

So brachte diese Bewegung die zwei Gegenpole Nationalismus und Sozialismus zusammen: Nach außen funktionierten die Kibbuzim als nationalistische Einheiten, die sich selbst als Eliten der israelischen Gesellschaft, als Vorkämpfer und Anführer in der Verwirklichung des partikularistischen Zionismus wahrnahmen. Nach innen aber versuchten sie im Grunde, extreme kommunistische Ideale einer Gemeinschaft umzusetzen, in der die gerechte Verteilung jeder Art von Ressourcen an erster Stelle stand.

Diese am Anfang des 20. Jahrhunderts entwickelte Lebensform konnte so nicht unverändert überdauern, und so begann seit dem Ende der 1950er-Jahre ein Prozess der Anpassung, der viele Wurzeln hatte: Die Gründung des Staates 1948 hatte zur Bündelung der nationalen Initiativen unter dem Schutzschirm der Regierung geführt, weshalb einzelne Aktivitäten nicht mehr nur positiv gesehen wurden; die Kibbuzim waren nicht in der Lage, einen Beitrag zu den neuen kollektiven Herausforderungen Israels zu leisten, insbesondere was die Aufnahme von Immigranten in die geschlossene Gesellschaft der genossenschaftlichen Siedlungen betraf; vor allem aber nahmen die Lebensqualität und die Individualisierung der Gesellschaft in Israel stetig zu. Ab den 1970er-Jahren verließen deshalb viele Frauen und Männer der jüngeren Generation den Kibbuz, um ihre Lebenserfüllung in den Städten als Individuen statt im Rahmen eines Kollektivs zu finden.

Anfang der 1980er-Jahre geriet Israel in eine Wirtschaftskrise, die Inflation wuchs, im Oktober 1983 kam es zum Börsenkrach in Tel Aviv, woraufhin viele Kibbuzim verarmten. Ein ausführlicher Stabilisierungsplan, den das Kabinett 1985 beschloss, war zwar erfolgreich, markierte jedoch eine klare Wende in der israelischen Gesellschaft von einer eher sozialistisch orientierten zu einer sehr viel stärker neoliberal-kapitalistisch ausgerichteten (Wirtschafts-)Politik. Seitdem ist die wirtschaftliche Diskrepanz zwischen Reich und Arm und damit die soziale Ungleichheit und Ungerechtigkeit in der israelischen Gesellschaft stetig größer geworden.

Unter dem Wirtschaftsminister Benjamin Netanjahu folgten 2003 weitere Reformen. So wurden große Firmen wie das Schifffahrtsunternehmen ZIM oder die Telekommunikationsfirma Bezeq privatisiert und die Auszahlungsraten der Sozialversicherung gekürzt. Durch diese Reform wuchs der Unterschied zwischen Arm und Reich weiter, die soziale Ungleichheit nahm rapide zu. Gleichzeitig etablierte sich Israel am Anfang des neuen Millenniums als «Start-up Nation» mit mehr hochtechnologischen Risikokapital-Unternehmen relativ zur Bevölkerung als jeder andere Staat der Welt. Tel Aviv wurde zum Startup- und Innovationszentrum Israels, wo auch der Sitz der globalen Tech-Giganten wie etwa Google oder Facebook ist. Letztere haben ihre Büros am zentralen Rothschild-Boulevard, dem historischen Kern der Stadt.

Es war auf dem gleichen Boulevard, wo am 14. Juli 2014 eine junge Studentin mit ihren Freunden Zelte aufbaute. Die Wohnungsmiete der jungen Frau war im Jahr zuvor um 30 Prozent gestiegen, und sie hatte sich geweigert, diese Erhöhung zu akzeptieren. Durch die sozialen Medien geriet die Aktion von Daphni Leef zum Massenprotest gegen die hohen Lebenshaltungskosten in Israel, und auf vielen öffentlichen Plätzen reihte sich plötzlich Zelt an Zelt, nicht nur in Tel Aviv. Darüber hinaus organisierten die Demonstranten eine Reihe von Veranstaltungen weitum im Lande. Am 3. September beteiligten sich an verschiedenen Orten in Israel 400 000 Menschen an Demonstrationen. Der Slogan der Protestbewegung «Das Volk will soziale Gerechtigkeit» reflektierte eine nostalgische Sympathie für die Zeit vor den Reformen von 2003 und 1985 und vielleicht auch für die soziale Solidarität, die die alte Struktur der Kibbuzim garantierte. Die allgemeinen Tendenzen der israelischen Gesellschaft in Richtung des Liberalismus und fehlende klare Ziele aufseiten der Demonstranten führten indes dazu, dass die Proteste im Herbst ergebnislos verebbten.

Die Kibbuz-Bewegung jedoch zerfiel nicht, durch innere Reformen und Veränderungen konnte sie diese Krise überstehen. Obwohl inzwischen die Familienzelle aufrechterhalten wird und Kinder bei und mit ihren Eltern leben, bestimmen und organisieren manche Kibbuzim wie bisher den wirtschaftlichen und sozialen Alltag gemeinsam. In anderen, die zur «erneuerten Kibbuz-Bewegung» gehören, dürfen die Mitglieder auch privaten Besitz wie Autos und Bankkonten ihr Eigen nennen, sie bezahlen nur Gebühren für die gemeinsamen Leistungen. In dem großen Experiment, Sozialismus und Nationalismus zur Deckung zu bringen, war letzterer immer stärker, doch das Ideal der sozialen Gleichheit existiert noch heute in Israel und ist ein integraler Bestandteil des gesellschaftlichen Bewusstseins geblieben.

4. Vernichtung und Erneuerung: Erinnerung an den Holocaust

Im Sommer 2012 fand in Haifa ein Schönheitswettbewerb statt, mit allem Glanz und aller Festlichkeit solcher Veranstaltungen: elegante Kleider, geschminkte Gesichter und ein Diadem auf dem Kopf der glücklichen Siegerin. Das einzig Merkwürdige an diesem Ereignis war, dass sämtliche Teilnehmerinnen des Wettbewerbs alt waren: Sie alle hatten den Holocaust überlebt und waren nach dem Krieg nach Israel gelangt. Die Siegerin, die 79 Jahre alte Hava Hershkowitz, wurde, von Liebe, Verehrung und Wärme umgeben, zur ersten «Miss Holocaust Survivor» gekrönt. Dieser Abend, der seitdem noch vier Mal wiederholt wurde, ist vielleicht der verblüffende Höhepunkt in der langen und komplexen Geschichte der Holocaustüberlebenden in Israel und ihrer Rolle in der israelischen Gesellschaft.

Erste Begegnungen zwischen Holocaustüberlebenden und Repräsentanten des Jischuws fanden noch in Europa statt, als Soldaten der jüdischen Brigade in der britischen Armee in den befreiten Konzentrationslagern auftauchten. Diese Begegnungen waren hochemotional für beide Seiten: Die Überlebenden nahmen gerade die jüdischen Soldaten als Retter und greifbares Symbol für ihre Freiheit wahr, während die Gepeinigten mit ihren abgemagerten und gequälten Körpern tiefe Gefühle von Empathie und Mitleid bei den Soldaten weckten.

In den DP-Lagern nahm sehr bald die Spannung zwischen den Abgesandten des Jischuws, die sich dort um Moral und Schulung kümmerten, und den Überlebenden zu. Vonseiten der Überlebenden, der DPs, existierten große Hoffnungen und hohe Erwartungen, wie Chaim Avni, einer der Abgesandten schrieb: «Gestern noch waren sie in der Hölle auf Erden, morgen wollen sie im Himmel auf Erden sein – und dazwischen nichts als untätige Leere.» Vonseiten der Abgesandten gab es hingegen erhebliche Bedenken in Bezug auf die zionistische Gesinnung der DPs und deren Bereitschaft, in einen neuen Kampf in Palästina mit einbezogen zu werden. Im Jischuw wurden die Überlebenden «Scheerit Hapleta» (Überbleibsel) oder «Akurim» (Entwurzelte) genannt, was sie als stigmatisierte Einheit mit ihrer nahen tragischen Vergangenheit verband und ihre Situation gegenüber derjenigen der schon verwurzelten Juden Palästinas verschärfte. Später, als die DPs nach Palästina kamen, oft auf illegalen Wegen, wurden die Überlebenden «Maapilim» genannt, was ihre extreme Form der Alija (Aufstieg) beschrieb.

Schon in Europa und noch mehr in Israel wurden die Holocaust-Überlebenden als Gegenpol zum Bild des Sabra wahrgenommen. Deren Attribute wie Schönheit, physische Kraft, Aktivismus, moralische Reinheit und Unschuld passten nicht zu den Neuankömmlingen, denen die grausamen Erfahrungen während des Holocaust vielfach diese «Unschuld» geraubt und sie gebrochen, ausgezehrt und lethargisch zurückgelassen hatten. In den Ghettos und KZs war das Überleben oft mit dem verknüpft, was in der Alltagswirklichkeit «draußen» als «unmoralische» Reaktionsweise galt. Das verursachte Schuld- und Schamgefühle in den Herzen der Überlebenden und bewog sie, darüber zu schweigen. Die Erinnerungen an ihre Zeit der Leiden wurden in Israel als Bedrohung für das allgemeine nationale Narrativ wahrgenommen, weil sie zu den Werten im Widerspruch standen, die die junge Generation für sich zu akzeptieren bereit war.

Zwar lag der Anteil der Holocaust-Überlebenden in den ersten Jahren der Existenz Israels bei etwa 30 Prozent der Gesamtbevölkerung, doch standen Schuld und Scham wie eine unsichtbare Mauer zwischen Israelis und den Maapilim. Nur diejenigen Überlebenden wurden geschätzt, die als Partisanen und Ghetto-Rebellen Widerstand gegen die Nazis geleistet hatten. Deshalb dominierten die «heroischen» Erzählungen dieser kämpferischen Minderheit das Narrativ der israelischen Holocaust-Erinnerung. Als 1953 die Gründung von Yad Vashem, dem israelischen Museum zur Geschichte des Holocausts, beschlossen wurde, bedurfte es dazu eines eigenen «Gesetzes zur Erinnerung an Holocaust und Heldentum». So wird auch bis heute der offizielle israelische Gedenktag an den Holocaust bezeichnet, der eine Woche vor den Feiern zur Staatsgründung begangen wird. Hinzu kam, dass die Mehrheit der Überlebenden für die tiefe Demütigung mitverantwortlich gemacht wurde, die das jüdische Volk durch die Nazis erlitten hatte. Mehr als nur eine Spur dieser Vorwürfe schimmert durch die Namen, die man in Israel für sie fand. David Ben-Gurion nannte sie «Awak Adam», menschlichen Staub, um den Zustand der Flüchtlinge bei der Ankunft zu beschreiben. Eine andere Bezeichnung, die in die hebräische Umgangssprache Eingang fand, war «Sabonim»,

Seifen, was sich auf das Gerücht bezog, dass die Nazis aus menschlichem Fett Seife produziert hätten. Abgesehen von ihrer aggressiven und entwürdigenden Bedeutung betonten diese Begriffe in den Augen der israelischen Gesellschaft die Passivität und Opferhaltung der Überlebenden, die sich «wie Lämmer auf die Schlachtbank» führen ließen. Diese Vorwürfe wurden nicht immer direkt ausgesprochen, aber sie wurden wohl wahrgenommen, wie sich ein Überlebender entsann: «Ich wurde nicht kritisiert, und mir wurden keine Vorwürfe gemacht, aber wie alle [Migranten-]Kinder bezeichnete man mich als ‹Seife›. Ich kann mich an das Gefühl erinnern, ‹Seife› zu sein.» Diese Einstellung hat die Überlebenden entmutigt, Israelis ihre persönlichen Geschichten zu erzählen. Die hatten keine Zeit und keine Geduld für das Trauma der Überlebenden, waren sie doch selbst schon 1948 in einen Überlebenskampf verwickelt, für den sie alle ihre Ressourcen aufbringen mussten. Gleichzeitig aber war der Beitrag der Neuankömmlinge aus Europa zum Krieg von 1948 enorm. Zwischen einem Drittel und der Hälfte der Kämpfer an den verschiedenen Fronten waren Holocaust-Überlebende, von denen manche Erfahrungen in Krieg und Untergrundkampf mitbrachten. Obwohl verstreut auf die verschiedenen Einheiten, galten sie in den Augen der Israelis als zusammengehöriger Block.

1961 begann in Israel der Prozess gegen Adolf Eichmann, der ein Jahr zuvor in Argentinien festgenommen worden war. Es war das erste Mal, dass der junge Staat offiziell einen Täter im Namen des jüdischen Volkes für die Verbrechen des Holocausts verurteilte. Der Hauptankläger Gideon Hausner sprach in seiner ersten Rede von «sechs Millionen Anklägern», die auf seiner Seite stünden: «Ihr Blut schreit, aber ihre Stimme ist verstummt. Darum werde ich ihr Mund sein: In ihrem Namen werde ich die furchtbare Anklage erheben.» Während der folgenden Wochen erzählten mehr als hundert Zeugen zum ersten Mal ihre Geschichte, und ausgelöst von diesen Erzählungen ging die israelische Gesellschaft durch einen quasi-kathartischen kollektiven Prozess, in dem die Opfer Gesichter und Namen erhielten. Symbolisch dafür war die erste öffentliche Aussage des

Schriftstellers Yechiel De-Nur, der bis dahin zwei Bücher über seine Zeit in Auschwitz geschrieben hatte und nur über sein Pseudonym Ka-Zetnik bekannt war. Während seiner Zeugenaussage fiel De-Nur vor Betroffenheit in Ohnmacht, was für viele einer der dramatischsten Augenblicke des Prozesses war.

Unter den Anwesenden im Publikum war auch Haim Gouri, ein Sabra und einer der prominentesten Dichter der israelischen 1948er-Generation, der einen täglichen Bericht über den Prozess für eine der Zeitungen schrieb. In einer dieser Reportagen reflektierte er auch über die Wahrnehmung des Holocausts in Israel: «Wir, die wir außerhalb des Todeskreises stehen, sollten uns bei den unzähligen Toten entschuldigen, die wir in unseren Herzen verurteilt haben, ohne uns zu fragen, ob wir überhaupt ein Recht dazu haben.» Der Eichmann-Prozess markierte einen Wendepunkt in der Einstellung Israels zum Holocaust, wurden hier doch zum ersten Mal die Stimmen der Überlebenden gehört. Gleichzeitig deuteten Gouris nachdenkliche Äußerungen auch auf die problematische Rolle der Zeugen in diesem Gericht hin. Sie waren für Israelis nur wie eine Brücke, über die man die Toten erreichen konnte, wurden aber immer noch nicht als autonome Individuen wahrgenommen.

Erst in den 1980er-Jahren schwenkte der Blick auf das Geschehen des Überlebens selbst, weshalb man diese Gruppe nun auf Hebräisch «Nizolim», «die Geretteten», nannte. Ihre Rolle als Zeitzeugen wurde von nun an geschätzt, und ihre individuellen Geschichten fanden Gehör. Dies geschah auch dank der sogenannten zweiten Generation, der Sabra-Kinder der Überlebenden, die über die Geschichte der Eltern die Schwierigkeiten der eigenen Kindheit verstehen wollten. 1985 veröffentlichte die israelische Schauspielerin Gila Almagor den Jugendroman *Der Sommer von Aviah*, der autobiographische Elemente enthält und vom Leben eines zehnjährigen Mädchens mit seiner alleinerziehenden Mutter erzählt, die den Holocaust überlebt hat. Almagor verarbeitete den Roman zu einem erfolgreichen Theaterstück für Kinder. In der Populärkultur erschien 1988 das Musikalbum *Asche und Staub* des israelischen Sängers Yehuda Poliker, das sich mit seinem Leben in der zweiten Generation von Holocaustüberlebenden auseinandersetzt. Es wurde zu einem der einflussreichsten Alben aller Zeiten in Israel.

1988 brach die Erste Intifada aus, eine spontane, gewalttätige Rebellion der Palästinenser gegen 20 Jahre israelischer Besatzung des Westjordanlandes durch eine Militärregierung. Für Teile der israelischen Gesellschaft war die neue Situation ein Schock, denn zum ersten Mal standen sie in ihren eigenen Augen nicht auf der Seite der Opfer, sondern der Täter. In den ersten Monaten der Intifada erschienen Berichte, denen zufolge israelische Soldaten palästinensische Zivilisten misshandelt hatten. Am 2. März 1988 veröffentlichte die Tageszeitung *Haaretz* einen Artikel des Wissenschaftshistorikers Yehuda Elkana mit dem Titel «Die Notwendigkeit zu vergessen». Elkana sah den Hintergrund dieser grausamen Vorfälle in einer «tiefen existenziellen Angst, die in einer bestimmten Interpretation der Lehren aus dem Holocaust ihren Ursprung hat». Er warnte vor der Instrumentalisierung der Erinnerung an die jüdisch-kollektive Erfahrung des Holocausts als politisches Mittel in der Gegenwart: «Wäre der Holocaust nicht so tief in das nationale Bewusstsein eingedrungen, so würde ich bezweifeln, dass der Konflikt zwischen Israelis und Palästinensern so viele ‹Anomalien› hätte schaffen und der politische Friedensprozess heute in einer Sackgasse hätte landen können.» In einem unreflektierten Erinnern sah Elkana eine Gefahr. So könnten die Besuche von Kindern in Yad Vashem, die eigentlich noch zu jung sind, um diese Informationen zu verarbeiten, missinterpretiert werden als «Aufforderung zu einem fortbestehenden blinden Hass». Elkanas Ruf, den Holocaust zu vergessen, steht – entgegen der Verwendung dieser Erinnerung für politische Zwecke – als raison d'être für den jüdischen Staat. Da Elkana selbst ein Holocaustüberlebender war, erhielten seine Worte eine besondere Bedeutung.

Die 1980er- und 1990er-Jahre brachten einen Prozess der Individualisierung der Holocaust-Erfahrung mit sich. Die Überlebenden wurden von nun an nicht mehr als homogene Gruppe wahrgenommen, sondern als Protagonisten individueller Geschichten. Seit damals wird ihre Stimme gehört, und ihre nicht selten veröffentlichten Memoiren werden als wichtiges Kulturerbe

Israels wahrgenommen. Statt als passive Subjekte ihrer Rettung gelten sie jetzt als aktiv Ausführende ihres eigenen Überlebens. Vielleicht der Gipfel dieser Tendenz ist der Miss-Holocaust-Schönheitswettbewerb. Auf einer glänzenden Bühne werden Frauen dafür geehrt, dass sie die Katastrophe der Schoa bewältigt haben und Teil der israelischen Gesellschaft geworden sind. So dient der Miss-Holocaust-Wettbewerb in Israel als ein Symbol für die Tauglichkeit des Zionismus, Katastrophen und Scham in einen privaten und einen kollektiven Erfolg zu verwandeln.

Doch diejenigen Überlebenden, die es nicht geschafft haben, wie der Phönix aus der Asche wiedergeboren zu werden, haben in der israelischen Gesellschaft noch immer keine Stimme. Es sind jene noch tiefer Verletzten, apathisch, oft geisteskrank Gewordenen, die seelisch und mental derart zerstört waren, dass sie häufig den Rest ihres Lebens in der Psychiatrie verbringen mussten. Gerade sie bleiben immer noch namenlos in der israelischen Gesellschaft. Der Schriftsteller Aharon Appelfeld verlieh in einigen seiner Bücher diesen Menschen eine Stimme, indem er sie als heimgesuchte Wesen beschreibt, die in einer Art Parallelwelt zum herrschenden Ideal des zionistischen «neuen Juden» vegetieren. In seinem 2010 erschienenen autobiographischen Roman *Der Mann, der nicht aufhörte zu schlafen* erzählt er die Geschichte eines jungen Überlebenden, der allein nach Palästina flieht und im Krieg von 1948 verletzt wird. Dieser Mann, der Schriftsteller werden möchte, tritt im Schlaf immer wieder aufs Neue in Verbindung mit seinen ermordeten Eltern und den verlorenen Landschaften seiner Kindheit. Die ersten poetischen Sätze, die ihm unter großer Anstrengung gelingen, sind diese:

> Es ist kein einzig Wort geblieben,
> Das nicht im Schmelzofen des Schmerzes verbrannte.
> Verschlossen war der Sturm in mir
> Mit Riegeln und doppelter Tür.

IV. Territorium und Grenzen 1967–1977

Am 14. Mai 1967 feierte Israel seinen 19. Unabhängigkeitstag mit militärischer Marschmusik, einem Song-Festival und dem neu ausgerichteten Welt-Bibelquiz für die Jugend, organisiert vom «Armeekorps Erziehung und Jugend». Alle Veranstaltungen fanden in der Hauptstadt Jerusalem statt, die seit 1948 zwischen Israel und Jordanien geteilt war. Im Rahmen des Song-Festivals hatte Bürgermeister Teddy Kollek in eben diesem Jahr ein besonderes Lied für seine Stadt bestellt: «Jerusalem aus Gold» von Naomi Shemer. Shemer, die im Kibbuz Kinneret am Ufer des Sees Genezareth aufgewachsen war, hatte bis dahin vor allem Lieder für die verschiedenen Bands der Armee geschrieben und komponiert und mit ihnen über lange Jahre die Popkultur in Israel definiert. Obwohl schon einige ihrer früheren Songs sehr erfolgreich waren, gelang ihr mit «Jerusalem aus Gold» der Durchbruch in ihrer Karriere als prominenteste Songwriterin Israels. Das Lied reflektierte und traf die emotionale Stimmung im Mai 1967 mit seiner Beschreibung Jerusalems als einer geteilten Stadt, «vereinsamt» und mit «einer Mauer in ihrem Herzen». Der Text drückt die Sehnsucht nach der Jerusalemer Altstadt aus, die auf der jordanischen Seite lag und als verlassener Ort beschrieben wird:

> Wie ausgetrocknet die Wasserbrunnen,
> der Marktplatz ist leer,
> und niemand besucht den Tempelberg
> in der Altstadt.
> Und in den Höhlen in den Felsen
> heulen die Winde,
> und niemand steigt zum Toten Meer hinab
> auf der Straße nach Jericho.

Gesungen wurde das Lied von der Sängerin Shuli Nathan, die ihm mit ihrer hohen Stimme und ihrem vergeistigten Aussehen mehr als nur einen Hauch von Religiosität verlieh. Es wurde sofort ein Erfolg und erlangte mit dem kurz darauf folgenden Sechstagekrieg eine noch größere Reputation. Nach der Eroberung Jerusalems fügte Shemer eine weitere Strophe hinzu:

> Wir sind zu den Wasserbrunnen zurückgekehrt,
> zum Markt und zu dem Platz,
> am Tempelberg ertönt ein Schofar
> in der Altstadt.
> Und in den Höhlen in den Felsen
> scheinen tausend Sonnen,
> lass uns wieder zum Toten Meer hinabsteigen
> auf der Straße nach Jericho.

So erhielt das Lied auch eine hochaktuelle Brisanz; doch gab es auch kritische Stimmen dafür, dass es die arabische Seite der Stadt als leer und verlassen vor dem Krieg und lebendig danach beschreibt. Im Licht der historischen Ereignisse konnte der Song nur politisch verstanden werden. Mit Ausnahme der israelischen Hymne «Hatikwa» ist heute kein anderes Lied mit dem jüdischen Israel so stark verbunden.

1. Der Sechstagekrieg (Junikrieg)

Zu Anfang der 1960er-Jahre schien sich die Lage stabilisiert zu haben, und der junge Staat kam allmählich aus den finanziellen und sozialen Kalamitäten der ersten Zeit heraus. Dies gelang vor allem dank des Wiedergutmachungsabkommens mit Deutschland, das im September 1952 in Luxemburg vom israelischen Außenminister Moshe Sharett und von Bundeskanzler Konrad Adenauer unterschrieben worden war. Zwischen 1953 und 1965 zahlte Deutschland an Israel drei Milliarden Mark in Geld und Waren als Kompensation für den materiellen Schaden, der dem jüdischen Volk durch den Holocaust entstanden war, und als Entschädigung für die Kosten der Aufnahme jüdischer Flüchtlinge. In Israel löste das Abkommen leidenschaftlichen Widerstand und heftige Demonstrationen aus, deren Höhepunkt der Überfall auf die Knesset durch Demonstranten unter der Führung Menachem Begins bildete. Infolge dieses Abkommens begann ein langer Annäherungsprozess zwischen beiden Staaten. 1965 wurden diplomatische Beziehungen aufgenommen, die ein wichtiger Schritt im Fortgang der Normalisierung zwischen beiden Ländern waren. Ein Jahr später erlebte Israel eine wirtschaftliche Rezession, deren Auslöser u.a. das Ende der Zahlungen aus Deutschland war. Als die Arbeitslosigkeit bedenklich anstieg, wuchs in der israelischen Gesellschaft die Verzweiflung, und viele Israelis wanderten aus. Zum ersten Mal seit der Gründung des Staates war die Zahl der Jordim – der Juden, die Israel verließen – größer als die Zahl der Olim, der nach Israel Eingewanderten. 1966 immigrierten ca. 16000 Juden nach Israel, halb so viele wie im Jahr davor und weniger als ein Drittel der Olim des Jahres 1964. Auch in einer kulturellen, geistigen und ideologischen Krise schien die israelische Gesellschaft zu stecken. Zwei Jahre nachdem man den Beatles die Einreise nach Israel verweigert hatte aus Angst, sie könnten die Jugend verderben, klagten ältere Intellektuelle über die junge Generation, deren dekadenten Lebensstil und Mangel an Idealen und Werten. Hatte sich 1948 der Zionismus erfüllt und war Realität geworden, so hatte es 19 Jahre später den Anschein, als ob die Israelis an der grauen Normalität des Alltags verzweifelten. Sie sehnten sich nach dem verlorenen Traum.

Ab Mitte der 1960er-Jahre nahmen auch die Spannungen mit den Arabern wieder zu. Nach vielen Jahren politischer Bedeutungslosigkeit setzten die Palästinenser ihren Kampf mit der Gründung der «Palestine Liberation Organization» (PLO) fort. Ziel des neuen Verbandes war es, das den Palästinensern zugefügte Unrecht durch die «Auslöschung der zionistischen Faktizität» zu reparieren. Die zentrale Organisation innerhalb der PLO, Al-Fatah, begann, von Syrern unterstützt, mit Terroraktionen gegen Israel. Da die meisten dieser Operationen über die jordanischen und libanesischen Grenzen ausgeführt wurden, lösten sie wiederholte israelische Vergeltungsaktionen aus, was zu einer Zunahme der Spannungen mit Jordanien, aber auch zwischen Jordanien und Syrien führte. Nachdem die israelische Armee im November 1966 im palästinensisch-jordanischen Dorf as-Samu südlich von Hebron eine Strafaktion durchgeführt hatte, kam es zu Unruhen in Jordanien, was König Hussein veranlasste, sich den anderen arabischen Ländern anzunähern. Doch dies war nur der erste Anstoß für eine sich aufschaukelnde Kettenreaktion, in der jede Seite durch die innere Logik ihrer vorangegangenen Handlungen fast gezwungen war, auf die Aktionen der anderen zu reagieren.

Der entscheidende Grund für den Sechstagekrieg aber war im Norden zu finden, und zwar im Konflikt mit Syrien um eine der wertvollsten Ressourcen im Nahen Osten: Wasser. 1964 eröffnete Israel das «Landwasserleitungs-System», das die südlichen Regionen des Landes in der Negev-Wüste mit Wasser aus dem See Genezareth versorgte. Syrien reagierte mit der Umsetzung des Headwater-Diversion-Plans, der vorsah, zwei der drei Quellflüsse des Jordan umzuleiten. Zunächst führten die Spannungen zu punktuellen bewaffneten Auseinandersetzungen zwischen beiden Ländern. Im Mai 1967 lancierte der sowjetische Geheimdienst in Ägypten die irreführende Nachricht, Israel konzentriere als Teil einer geplanten Offensive mehr als zehn Brigaden an der syrischen Grenze. Daraufhin lud der israelische Premierminister Levi Eshkol den sowjetischen Botschafter in Tel Aviv zu einer Führung in den Norden Israels ein, damit er mit eigenen Augen feststellen könnte, dass dies nicht der Fall sei, doch dieser nahm die Einladung nicht an. Was die Sowjetunion mit der Verbreitung solcher Falschinformationen erreichen wollte, ist nicht geklärt. Vielleicht sollte es als Warnung dienen, die Situation zu deeskalieren, vielleicht war diese Strategie auch Teil eines Planes, im Nahen Osten ein wichtiger Player zu werden. Auf jeden Fall reagierte Ägypten darauf mit der Aktivierung des Verteidigungspaktes mit Syrien. Am 15. Mai überquerten Truppen der ägyptischen Armee auf dem Weg in die demilitarisierte Sinai-Halbinsel den Suezkanal. Die Information erreichte die israelische Regierung inmitten der Feierlichkeiten zum 19. Unabhängigkeitstag. Während der Militärparade im

Stadion der Hebräischen Universität näherte sich der Generalstabschef Yitzhak Rabin dem Premier- und Verteidigungsminister Eshkol und teilte ihm die Nachricht mit. In Israel wurde dieser Schritt als ägyptische Provokation verstanden, die aber noch keiner Kriegserklärung gleichkam. Als nächstes befahl Präsident Nasser die Räumung der «Emergency Force» der UNO, die nach der Suezkrise als Teil des damaligen Waffenstillstandsabkommens auf dem Sinai eingesetzt war. Die Tatsache, dass der Generalsekretär der UNO U Thant dieser Forderung sofort nachkam, schockierte Tel Aviv, und die Angst vor einem nahenden Krieg wuchs stetig. Als am 23. Mai Präsident Nasser die Straße von Tiran am Roten Meer für israelische Schiffe mit strategischer Ladung sperrte, was in Israel immer schon als «casus belli» erachtet wurde, schien ein Krieg bereits unvermeidbar, und bis Ende Mai zog Israel Reservisten ein. Nassers Rhetorik gegen Israel wurde heftiger, und am 30. Mai unterschrieb Jordaniens König Hussein einen Verteidigungspakt mit Ägypten, der auch den Durchzug irakischer Truppen über jordanisches Gebiet ermöglichte. Die ganze arabische Welt vereinigte sich unter Nasser gegen Israel.

Diese drei Wochen vom 15. Mai bis zum tatsächlichen Kriegsausbruch am 5. Juni sind in Israel als die «Warte-Periode» in die Erinnerung eingegangen, während der die Gesellschaft in einen Zustand kollektiver Panik geriet. Auf der einen Seite kamen eindeutige Signale vonseiten der arabischen Länder. So erklärte Nasser in einer Rede am 26. Mai, dass «die Schlacht alle Grenzen überschreitend sein wird und es unser grundsätzliches Ziel ist, Israel zu vernichten». Auf der anderen Seite jedoch zögerte Eshkol immer wieder die Entscheidung hinaus, den Feind mit einer Offensive zu überraschen. Die Israelis sahen darin – trotz Eshkols Begründungen – einen Ausdruck unentschlossener Passivität angesichts einer existentiellen Bedrohung. Schwer lag über dem Land die bedrückende Vorahnung, es könnte zu einem zweiten Holocaust kommen. Nasser wurde als «Hitler am Nil» wahrgenommen, und das jüdische Schicksal schien vielen wieder ein unentrinnbares zu sein. In dieser Situation konnten sich viele Sabras plötzlich mit der Situation der jüdischen Diaspora identifizieren. So erinnerte sich Muki Zur, einer der zentralen Intellektuellen der Kibbuz-Bewegung, nach dem Krieg: «Dies waren Tage, an denen wir dem jüdischen Schicksal ganz nahe rückten, vor dem wir all die Jahre wie Besessene geflohen waren.»

Der öffentliche und politische Druck auf Eshkol nahm zu, woraufhin er am 1. Juni zugunsten von Moshe Dayan vom Posten des Verteidigungsministers zurücktrat. Für die Israelis war der damals fast 50-jährige Dayan das Gegenbild zu dem um 20 Jahre älteren Eshkol. Dessen Ruf als moderater und militärisch unerfahrener Politiker hatte Misstrauen und Zweifel geweckt, weshalb die Ernennung des Ex-Generals fast als eine Erlösung wahrgenommen wurde. Am 4. Juni gab das Kabinett Dayan und Rabin die Genehmigung für einen präventiven Angriff mit dem Ziel – wie Dayan es formulierte –, «die ägyptische Armee zu zerstören und [die Straße von] Tiran für die israelische Seefahrt wieder zu öffnen.» Die ursprüngliche offizielle Absicht bestand nicht darin, neue Territorien zu erobern.

Dayan wurde zum Helden des Krieges, seine forsche Virilität und sein Draufgängertum faszinierten viele Israelis, die ihn verehrten. Geboren 1915 im ersten Kibbuz Degania und aufgewachsen im ersten Moschaw Nahalal, verkörperte er das Ideal des «Sabra». Seine Erfahrung und seine kühle Direktheit weckten Vertrauen und Zuversicht, sein Erkennungszeichen war die schwarze Klappe über seinem linken Auge, das er als Kommandant einer Palmach-Einheit aufseiten der Alliierten im Zweiten Weltkrieg verloren hatte. Am Morgen des 5. Juni wachte der neue Verteidigungsminister in seinem Haus auf und frühstückte um 6.30 Uhr mit seiner Frau Ruth. Dann ging er in das Café um die Ecke, um dort ein zweites Frühstück mit seiner Freundin und späteren zweiten Frau Rachel einzunehmen. Keiner von beiden teilte er mit, was kurz danach geschehen würde. Im Anschluss fuhr er direkt nach Tel Aviv, wo er gegen 7.30 Uhr im Kontrollbunker der Luftwaffe ankam, um von dort aus den Krieg zu dirigieren. Zwischen 7.14 Uhr und 7.30 Uhr starteten 183 Kampfflugzeuge (nur 12 Maschinen blieben zur Verteidigung zurück) und flogen knapp über dem Mittelmeer unter der ägyptischen Radarerfassung Richtung Westen. Um den Überraschungseffekt zu verstärken, näherten sie sich ihren Zielen von Norden und Westen, und um 7.45 Uhr begannen sie, die Militärflughäfen Ägyptens in Wellen anzugreifen. Im Zuge der ersten Welle wurden die Startbahnen bombardiert, die folgenden vernichteten die meisten der 385 Maschinen am Boden. Die Angreifer selbst verloren nur neun Flugzeuge, sechs waren schwer beschädigt. Dieser völlig unerwartete Überfall brachte Israel die absolute Lufthoheit und damit schon nach knapp zwei Stunden mehr als den halben Sieg. Unterdessen stießen ab 8.15 Uhr die israelischen Bodenstreitkräfte durch den Sinai Richtung Suezkanal vor, den sie bereits nach drei Tagen ohne bedeutsamen Widerstand der ägyptischen Armee erreichten.

An den anderen beiden Fronten gelangen der israelischen Armee ähnlich schnelle Erfolge. Da der ursprüngliche Plan darin bestand, nur an der südlichen Front gegen die in den Sinai eingedrungenen Ägypter zu kämpfen, warnte Israel König Hussein vor einem Kriegseintritt. Doch Jordanien setzte am 5. Juni am späten Morgen zum Angriff an, obwohl Hussein, da er jahrelang heimliche, aber gute Beziehungen zur israelischen Führung unterhalten hatte, letztlich nur unter starkem politischen Druck handelte. Der kurzzeitige Enthusiasmus und die vorübergehende Solidarität in der arabischen Welt angesichts des Krieges zwangen ihn, um seinen Thron nicht zu gefährden, zu diesem fatalen Schritt. Israel nutzte die Situation, um Ostjerusalem mit der Tempelmauer und schließlich das Land westlich des Jordan zu erobern, das seit 1948 von Jordanien besetzt war. Gegen Syrien begann der israelische Aufmarsch am 9. Juni, als dessen Soldaten bereits über die Niederlage Ägyptens und Jordaniens Bescheid wussten, was ihre Kampfmoral nicht eben stärkte. In zwei Tagen eroberte die israelische Armee die Golan-Höhen und deren Besetzung dauerte noch, auch nachdem der Waffenstillstand schon erklärt war, an. In den sechs Tagen des Krieges verlor Israel 780 Soldaten, während allein auf dem Sinai zwischen 10 000 und 15 000 ägyptische Soldaten ums Leben kamen. Am 10. Juni war der Sieg endgültig.

2. Altneues Land

Angst und Panik, die vor dem Krieg die israelische Gesellschaft paralysiert hatten, schlugen buchstäblich von heute auf morgen um in Euphorie und ein neues Selbstbewusstsein. Statt der Verzweiflung von 1966 erfüllte jetzt Stolz die Herzen der Israelis und der Zionismus schien wieder erwacht zu sein. Dank seiner glänzend geführten Armee hatte sich die Fläche Israels mit der Eroberung der Halbinsel Sinai, des Gazastreifens, der Westbank und der Golan-Höhen in weniger als einer Woche mehr als verdreifacht. Die neuen Territorien weckten individuell und kollektiv nostalgische Gefühle: Diejenigen, die vor der Entstehung des Staates Israels hier gelebt und die Ereignisse von 1948 ausgestanden hatten, konnten nach 19 Jahren in die Orte und die Landschaften ihrer Kindheit und Jugend zurückkehren. Für das spezifisch jüdische Bewusstsein war es eine Rückkehr in die Landschaft der Bibel und vor allem nach Jerusalem mit der Klagemauer, die zum ersten Mal nach 2000 Jahren wieder in jüdischen Händen war. Für die Araber der Westbank, unter denen es viele Flüchtlinge aus dem Unabhängigkeitskrieg gab, die immer noch in Lagern lebten, war es eine Gelegenheit, ihre verlassenen Häuser, Nachbarschaften und Dörfer in Westjerusalem und anderen Teilen Israels aufzusuchen.

Haim Gouri, einer der prominentesten Dichter der israelischen 1948er-Generation, berichtete über die Massen, die in diesen Nachkriegstagen aus unterschiedlichen Richtungen in die beiden Teile Jerusalems strömten, um mit eigenen Augen die neue Realität wahrzunehmen und einen Anschluss an die Vergangenheit zu finden: «Hundert Megatonnen Erwartung und hundert Megatonnen Neugier explodieren jetzt vor unseren Augen», schrieb Gouri. Die Erleichterung und die Freude in Israel drückten sich in einer Welle von unzähligen Siegesalben aus, die in den Buchhandlungen verkauft wurden. Zum Teil konnte man auch humoristische Bücher über den Krieg erhalten, wie etwa *Alle Witze des Sechstagekrieges*. Ephraim Kishon veröffentlichte den humoristischen Band *Pardon. Wir haben gewonnen*, in dem er die Karikaturen kompilierte, die er zusammen mit dem

Cartoonisten Dosh (Kariel Gardosh) während des Krieges in den Tageszeitungen publiziert hatte. Allerdings hatte der Humor einen herablassenden Unterton den Arabern gegenüber und zeigte eine unreflektierte Eitelkeit vieler Israelis nach dem Sieg. Einer der Witze, die sich in dem Buch *Alle Nasser-Witze* fanden, lautete: «Fragt der [ägyptische] Militärtrainer den Soldaten in der Kaserne: ‹Welche Schritte werden Sie unternehmen, wenn Sie einen bewaffneten israelischen Soldaten treffen?› ‹So große und so schnelle wie möglich›, antwortet der Soldat.»

Politisch sah Israel das gerade eroberte Territorium während der ersten Nachkriegswochen als eine Art Pfand an, das man für einen endgültigen Frieden mit den arabischen Nachbarn einwechseln konnte. Die Entscheidung der Arabischen Liga in Khartum im September, sowohl Verhandlungen mit Israel als auch dessen Anerkennung oder einen Friedensschluss dezidiert auszuschließen, verwandelte die riesige Kriegsbeute zunehmend in ein großes Problem. Ende November akzeptierte der UN-Sicherheitsrat die Resolution 242, die u. a. Israel zum Rückzug aus den eroberten Territorien aufforderte. Mit der Zeit wurden diese Gebiete zu einer Art Fischgräte im Hals, die man weder ausspucken noch hinunterschlucken konnte. Wie sich zudem herausstellte, wollten weder Jordanien noch Ägypten die Gebiete zurück, deren Annexion aber die Aufnahme von mehr als einer Million Palästinensern in die israelische Gesellschaft bedeutet hätte. Dazu kam die Angst, zurückkehren zu müssen zu den ausgesetzten und gefährdeten Grenzen der Vorkriegszeit. In einem Interview im *Spiegel* im Januar 1969 erklärte Außenminister Abba Eban die Situation so: «Wir haben jedenfalls offen gesagt, daß die Landkarte niemals mehr so aussehen wird wie am 4. Juni 1967. […] Die Juni-Landkarte ist für uns gleichbedeutend mit Unsicherheit und Gefahr. Ich übertreibe nicht, wenn ich sage, daß sie für uns etwas von einer Auschwitz-Erinnerung hat.»

Allmählich wurden die Stimmen lauter, die für die Aneignung dieser neuen Gebiete plädierten. Die «Großisrael-Bewegung», die im September 1967 vom Schriftsteller Moshe Shamir und dem Dichter Nathan Alterman gegründet wurde, rief zur Annexion und Öffnung des Landes für jüdische Siedler auf. Die meisten Mitglieder dieser Gruppe – Intellektuelle, die aus der alten MAPAI-Partei und der Kibbuz-Bewegung stammten, – sahen in der veränderten Situation eine Chance zur Erneuerung des Zionismus, wie sie ihn vor der Gründung des Staates Israel gekannt hatten. Durch den Bau von Siedlungen in der Westbank sollte das Pionier-Projekt fortgesetzt werden.

Parallel dazu nahm ein Teil der Vertreter des religiösen Zionismus in den Ergebnissen des Krieges die Erfüllung einer messianischen Verheißung wahr. Diese jungen Männer aus der national-religiösen Jugendbewegung «Bnei Akiwa» gründeten sieben Jahre später die Bewegung «Gush Emunim», die der ideologische Kern der Siedlerbewegung wurde. Gleichzeitig sprach sich eine Reihe von Intellektuellen dagegen aus, Gebiete mit palästinensischen Einwohnern zu behalten. Kurz nach dem Krieg schrieb der Schriftsteller Amos Oz: «Je kürzer die Besatzung wird, desto besser wird es für uns. Auch eine wahllose Besatzung korrumpiert, denn selbst eine liberale, humane und aufgeklärte Besatzung bleibt eine Besatzung. Ich fürchte mich vor der Art des Samens, den wir in der nahen Zukunft in die Herzen der Besetzten säen werden. Aber mehr noch fürchte ich mich vor dem Samen, der im Herzen eines Besatzers sprießt.» Oz gehörte zu einer Gruppe von jungen Kibbuz-Mitgliedern, die kurz nach Kriegsende von Kibbuz zu Kibbuz wanderten und Gespräche mit Soldaten über den Krieg führten. Diese persönlichen Diskurse wurden redigiert und in einem Band mit dem Titel *Gespräche mit israelischen Soldaten (Siach Lochamim)* veröffentlicht, der zu einem nationalen und internationalen Bestseller wurde. Für viele fand sich in dem Buch erneut der edle Sabra, der ungern in den Krieg zieht und inmitten des kollektiven Jubels über die existenzielle Bedeutung der Kriegsereignisse nachdenkt.

Kurz nach den militärischen Auseinandersetzungen annektierte Israel de facto Ostjerusalem, wo sehr schnell neue jüdische Nachbarschaften gebaut wurden. Was die Altstadt anging, so entschied Moshe Dayan, die Verwaltung der Al-Aqsa-Moschee in den Händen des Muslimischen Waqf zu lassen und so den Status quo vor Ort aufrechtzuerhalten. Gleichzeitig befahl er, das Wohnviertel vor der Klagemauer – der Westlichen Mauer des ehemaligen jüdischen Tempels – zu schleifen und seine 300 Einwohner zu evakuieren, um Platz für die jüdischen Besucher zu schaffen.

Für die palästinensische Bevölkerung bedeuteten die Ergebnisse des Krieges den Anfang eines Lebens unter der Besatzung, die bis heute ihren Alltag definiert. Ein Viertel der Einwohner der Westbank – 200 000 bis 250 000 Personen – war aus den eroberten Gebieten geflüchtet oder vertrieben worden. Manche waren schon Flüchtlinge von 1948 und hatten seit 19 Jahren in Lagern im Westjordanland und im Gazastreifen gelebt. Von den 120 000 Anträgen von Flüchtlingen auf eine Rückkehr in ihre Heimat genehmigte Israel gerade einmal 17 000. In den Monaten nach dem Krieg wurde eine Militärregierung in Gaza und der Westbank eingesetzt, deren Ziel die Kontrolle und Bekämpfung des palästinensischen Nationalismus war. Gleichzeitig wurden die wirtschaftlichen Beziehungen zwischen der Westbank und Jordanien durch die sogenannte «Politik der offenen Brücke» aufrechterhalten, die den Austausch von Waren über den Jordanfluss ermöglichte. Selbst die Schulbücher blieben jordanisch – in Gaza ägyptisch –, nachdem die antiisraelischen und antisemitischen Inhalte entfernt worden waren. Durch den Krieg rückten die Palästinenser ins Zentrum des israelisch-arabischen Konflikts, und auch die PLO ging in den folgenden Jahren aggressiver und kühner in ihren Terroraktionen gegen Israel vor. Die Ergebnisse des Sechstagekriegs werden im palästinensischen Gedächtnis als «Naksa» (Rückschlag) bezeichnet, und der 5. Juni wurde zu einem Tag des Andenkens erklärt.

Der Krieg veränderte auch die israelische Gesellschaft: Begünstigt durch die heftigen Emotionen, die der schnelle Sieg geweckt hatte, begann die Armee, eine immer zentralere Rolle bis tief in alle Lebensbereiche hinein zu spielen. Kaum hatten sich israelische Elitetruppen durch die Jerusalemer Altstadt gekämpft und die Klagemauer erreicht, erklang das Schofar, das Widderhorn, das nach der jüdischen Tradition nur an den hohen Feiertagen geblasen wird. Aber am 7. Juni 1967 hatte diese Geste hochgradig politische Bedeutung, da es Juden zu Zeiten

Schlomo Goren, der Oberrabbiner der israelischen Armee, bläst am 7. Juni 1967 an der Klagemauer das Schofar.

der türkischen Regierung und des britischen Mandats verboten gewesen war, an der Klagemauer das Schofar zu blasen. Viel bedeutsamer in diesem Augenblick war jedoch der Umstand, dass dieses Ritual durch Schlomo Goren, den Oberrabbiner der Armee im Range eines Fallschirmjäger-Generals, vollzogen wurde. Goren begleitete die ersten Soldaten, die in Jerusalem einmarschierten, mit Tefillin auf dem Kopf und einer Torarolle im Arm. Der Klang des Schofar von Goren in diesem Moment bedeutete nichts anderes als eine Übertragung der Ergebnisse des profanen Feldzugs in den religiösen Bereich, der die heilige Geschichte des Ortes und des jüdischen Volkes betonte: «Die Stadt Gottes, der Ort des Tempels, der Tempelberg und die Klagemauer – das Symbol für die messianische Erlösung des Volkes, wurde heute von Euch erlöst, Helden der israelischen Armee», sagte Goren vor den Soldaten und vor ganz Israel an der Klagemauer. Auch vonseiten der säkularen Israelis wurde eine religiös-messianische Sprache benutzt, um die überbordenden Gefühle auszudrücken. So berichtete zum Beispiel die säkulare Tageszeitung *Maariv*: «Der Messias ist gestern in Israel angekommen, müde, grau, und er reitet auf einem Panzer. [...] Dieses Mal trug der Messias Uniform.»

Einige Wochen nach dem Krieg fand im Amphitheater des Mt. Scopus Campus der Hebräischen Universität, der bis 1967 eine israelische Enklave auf jordanischem Territorium gewesen war, ein feierliches Konzert statt. Vor einer atemberaubenden Kulisse mit Blick über die judäische Wüste bis zum Toten Meer und den Bergen Moabs erlebten die Zuhörer den letzten Satz aus Mahlers zweiter Symphonie «Auferstehung», gespielt von der israelischen Philharmonie unter der Leitung Leonard Bernsteins. Der Chor sang:

> Mit Flügeln, die ich mir errungen,
> in heißem Liebesstreben
> werd' ich entschweben
> zum Licht, zu dem kein Aug' gedrungen!
> Sterben werd' ich, um zu leben!

Zwei Wochen zuvor, am 28. Juni, war im selben Amphitheater ein anderes festliches Ereignis gefeiert worden: die Verleihung der Ehrendoktorwürde der Hebräischen Universität an Yitzhak Rabin, den Generalstabschef während des Krieges. Seine Rede macht deutlich, wie der Bereich des Militärs und des Zivillebens sich nach dem Krieg vermischten: «Ich sehe in dieser Ehre», sagte Rabin «die Ihr durch mich den Menschen in der Armee verleiht, Eure tiefe Anerkennung von Zahals Einzigartigkeit, die ein Beweis für die Besonderheit des jüdischen Volkes ist.»

Der Sechstagekrieg war ein Wendepunkt in der Geschichte Israels. Abgesehen von den geopolitischen Veränderungen verbesserte sich die Position des Staates als regionale Macht. Der Bezug zur jüdischen Diaspora verstärkte sich, und die Wirtschaft profitierte von der Integration der Palästinenser in den israelischen Markt. Gleichzeitig wurde ab diesem Zeitpunkt die territoriale Frage – das heißt, was mit den eroberten Gebieten werden sollte – für die nächsten fünfzig Jahre das zentrale Thema der israelischen Politik. Der Großteil der Gesellschaft war von Gefühlen der Selbstgerechtigkeit und Superiorität gegenüber den arabischen Nachbarn überwältigt, aber es gab auch Stimmen, die gegen diese Atmosphäre protestierten. Der Dramatiker und Satiriker Hanoch Levin schrieb 1968 sein erstes Theaterstück *Du und ich und der nächste Krieg* als Kritik an der Nachkriegsstimmung im Land, in dem der Krieg als positives, identitätsstiftendes kollektives Erlebnis wahrgenommen wurde. So beginnt der Themensong des ganzen Stückes:

> Wenn wir spazieren gehen, dann sind wir zu dritt –
> Du und ich und der nächste Krieg.
> Wenn wir schlafen, dann sind wir zu dritt –
> Du und ich und der nächste Krieg.

Und der nächste Krieg stand schon fast vor der Tür.

3. Erste Risse im Konsens, Schock und politische Wende

Im Juni 1968 ordnete Nasser Artillerieangriffe auf israelische Stellungen entlang des Suezkanals an. Im September und Oktober wiederholte er die Operation und eröffnete damit eine neue Strategie – eine Art Abnutzungskrieg – in Ägyptens Kampf gegen Israel. Trotz der schweren Niederlage und der Erfahrung tiefer Demütigung hatte sich die ägyptische Armee innerhalb weniger Monate mithilfe der Sowjetunion völlig regeneriert. Ohne jede diplomatische Perspektive, die Halbinsel Sinai zurückzuerhalten, entschloss sich Nasser zu dieser Vorgehensweise, um durch eine möglichst hohe Zahl gefallener israelischer Soldaten Druck auf die israelische Gesellschaft und die Regierung auszuüben. Tatsächlich war Israel 1968 und 1969 vor allem damit beschäftigt, eine für unüberwindlich gehaltene Befestigungsanlage, die «Bar-Lev-Linie», entlang des Kanals zu errichten, benannt nach dem Generalsstabschef jener Jahre. Nach massivem Bombardement dieser Anlagen mit hohen Verlusten kam es zu einer Vielzahl von Einsätzen der israelischen Luftwaffe und von Kommando-Unternehmen bis tief in ägyptisches Gebiet. Ziel dieser Operationen war insbesondere die Zerstörung der feindlichen Luftabwehrstellungen, aber auch der zentralen Infrastrukturanlagen auf der westlichen Seite des Suezkanals. Manche der israelischen Aktionen in diesen Jahren waren kühn und zutiefst demütigend für Nasser, wie etwa die «Operation Rooster» am 26. Dezember 1969, während der innerhalb von drei Stunden eine ganze Radarstation sowjetischer Bauart abmontiert und mit Hubschraubern über den Kanal transportiert wurde. Dies alles verstärkte die Verstrickung der Sowjetunion in den Konflikt, die sich von Nasser unter Druck gesetzt sah, immer wieder neu entwickelte Waffensysteme zu liefern – und zwar mit dem für Installation und Bedienung notwendigen Personal – sowie starke Luftwaffeneinheiten zu deren Schutz. Damit riskierte Israel eine direkte Konfrontation mit Moskau, ohne die volle Unterstützung der USA zu haben, deren klares Interesse in der Deeskalation des hochbrisanten Konfliktes lag. Das Ende der für Israel verlustreichen Auseinandersetzungen kam im Herbst 1970, nachdem Nasser an einem Herzinfarkt gestorben und Anwar al-Sadat zu seinem Nachfolger ernannt worden war.

Nassers Erwartung, dass der Krieg am Kanal mit zunehmenden Verlusten an Menschenleben die israelische Zivilgesellschaft verstören würde, erwies sich als zutreffend, und die Taktik war aus dieser Sicht ein Erfolg. Obwohl sich die israelische Armee nicht vom östlichen Ufer des Kanals verdrängen ließ, war es der erste Krieg, in dem die ägyptische Armee durchhielt und nicht zusammenbrach. Die täglichen Nachrichten in Israel über gefallene und verwundete Soldaten demoralisierten die Gesellschaft und schufen zum ersten Mal Risse im Narrativ von 1948, das der großartige Sieg von 1967 bestätigt hatte. So wuchs auch der Druck auf Premierministerin Golda Meir, die Levi Eshkol nach seinem plötzlichen Tod 1969 im Amt gefolgt war, und zwar parallel zur anschwellenden öffentlichen Debatte über den Preis, den die israelische Gesellschaft für den permanenten Kriegszustand bezahlte. Im März 1970 war der Präsident des Internationalen Jüdischen Weltkongresses Nahum Goldmann als möglicher Vermittler von Nasser zu einem Treffen eingeladen worden unter der Bedingung, dass der Besuch öffentlich sei und die israelische Regierung ihre Zustimmung erteile. Das Ka-

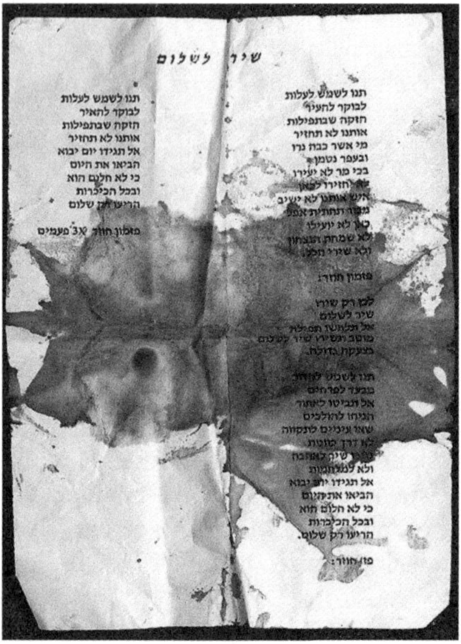

«Ein Lied für den Frieden»: Die blutige Kopie des Liedtextes erinnert an die Ermordung von Ministerpräsident Yitzhak Rabin am 4. November 1995, kurz nachdem er auf einer Demonstration die Hymne der israelischen Friedensbewegung gesungen hatte.

binett Meirs verweigerte diese und löste damit die «Affäre Goldmann» aus, die viel Aufsehen erregte.

Wenige Tage nachdem der Besuch abgelehnt worden war, am 8. April, schickte eine Gruppe von Schülern aus der letzten Klasse eines Gymnasiums, die knapp vor ihrem Eintritt in die Armee standen, einen offenen Brief an Meir, in dem sie gegen die starre Politik der Regierung protestierten: «Wir und viele andere zweifeln daran, ob unser bevorstehender Militärdienst noch zu rechtfertigen ist, und wie wir in einem auf Dauer zukunftslosen Krieg kämpfen sollen, während unsere Regierung mit ihrer Politik alle Chancen auf Frieden ständig versäumt.» Der Brief löste einige Aufregung aus und signalisierte den Anfang eines Phänomens, das Israel ab jetzt begleiten sollte: Junge Israelis verweigern aus politischen Gründen den Dienst in der Armee. 1969 schrieb der Songwriter Yaakov Rotblit für eine Militärband «Schir laschalom», ein Lied für den Frieden, dessen Text diese Antikriegstendenzen thematisiert:

Der, dessen Licht ausgelöscht wurde
und in der Erde begraben wurde,
bitteres Weinen wird ihn nicht zurückbringen,
nicht hierher wiederbringen.

Niemand wird uns zurückholen
aus dem dunklen Boden der Gruben,
hier werden nicht helfen
weder die Siegesfreude
noch Lobeslieder.

Zuerst wurde das Lied im israelischen Rundfunk verboten, weil es die Moral untergraben könnte, doch in den folgenden Jahren avancierte es zur Hymne der israelischen Friedensbewegung. Im November 1995 sang Premierminister Yitzhak Rabin das Lied bei einer Demonstration für den Frieden in Tel Aviv. Eine halbe Stunde später wurde er von einem religiös-fundamentalistischen Juden erschossen. Die blutige Kopie des Liedtextes, die in Rabins Jackentasche steckte, wurde zum Symbol für den gescheiterten Friedensprozess mit den Palästinensern Ende der 1990er-Jahre.

Drei Jahre nach dem Sechstagekrieg bezweifelten Teile der israelischen Gesellschaft bereits das Nach-1967-Narrativ. Die Tatsache, dass die langwierige und blutige Auseinandersetzung am Suezkanal keine politischen Resultate erbracht hatte, machte ihn in den Augen eines Teils der Gesellschaft sinn- und zwecklos. Für Israel war es der erste Krieg, der ohne eindeutige militärische Erfolge endete.

Anwar al-Sadat, jahrelang Nassers rechte Hand, rückte während dieses Abnutzungskrieges, als Nasser schon krank und oft abwesend war, zu dessen Stellvertreter auf und avancierte zu einer der mächtigsten Führungspersönlichkeiten Ägyptens. In Israel dagegen wurde er als farbloser, kleinlicher Politiker und politischer Clown wahrgenommen, der keine Entscheidung zu treffen vermochte. Diese Meinung änderte sich auch nicht, nachdem Sadat 1970 als Präsident seine Regierung gebildet hatte. Anfang 1971 erklärte er sich öffentlich zu einem Interim-Abkommen mit Israel bereit, wenn dieses sich auf 40 Kilometer östlich des Kanals zurückziehe. Dem ägyptischen Präsidenten lag vor allem daran, den Suezkanal erneut für die Schifffahrt zu öffnen und die Städte in der Kanalzone wiederaufzubauen. In einem zweiten Schritt sollte im Gegenzug für ein umfassendes Friedensabkommen die Option eines Rückzugs aus allen 1967 besetzten Gebieten ventiliert werden. Golda Meir und das israelische Parlament weigerten sich allerdings, das Angebot zu akzeptieren.

Diese Episode betrachten manche Historiker als eine versäumte Gelegenheit, deren Ergreifen den folgenden Krieg hätte vermeiden können. Andere sind der Meinung, dass beide Seiten damals noch nicht reif für den Frieden waren. Ihnen zufolge war erst der Krieg vom Oktober 1973, auch bekannt als Jom-Kippur- oder Ramadan-Krieg, nötig, um beide Seiten an den Verhandlungstisch zu bringen. Auf jeden Fall plante Sadat ab 1971, die Halbinsel Sinai mit militärischen Mitteln zurückzuerobern. Ihn zu unterschätzen, war nicht der einzige Wahrnehmungsfehler, der Israel bis Oktober 1973 unterlief. Nach dem Krieg wurden die Umstände, die zur Überraschung des Oktober-Kriegs geführt hatten, durch das Agranat-Komitee untersucht. Nach dem Eindruck dieses Gremiums, geleitet vom Präsidenten des Obersten Gerichts, war der israelische Nachrichtendienst seit Anfang der 1970er-Jahre in einer Denkweise befangen, die das Komitee «die Konzeption» nannte. Nach deren innerer Logik war ein Krieg in den kommenden Jahren unwahrscheinlich, weil Ägypten solange nicht losschlagen würde, bis zumindest ein Gleichgewicht der Waffensysteme mit der israelischen Armee erreicht wäre.

In der Tat hatten sowohl Sadat als auch der syrische Präsident Hafez el-Assad weder die Absicht, Israel zu vernichten, noch die, einen allgemeinen Krieg zu gewinnen, sondern wollten vor allem die 1967 verlorenen Gebiete zurückerlangen sowie nach der «großen Schande» von 1967 die «arabische Ehre» wiederherstellen. Der Schock, den der Überfall der beiden Armeen in Israel auslöste, verdankte sich unter anderem genau dieser Denkweise, die zur Fehlinterpretation klarer Signale führte, ja sogar zur Verkennung einer expliziten Warnung an Golda Meir

Ende September durch den jordanischen König Hussein. Der andere Überraschungsfaktor war die sorgfältige Vorbereitung des Überfalls und seines Zeitpunkts: Der jüdische Versöhnungstag Jom-Kippur fiel in diesem Jahr auf den 6. Oktober, gleichzeitig begingen die Muslime ihren Fastenmonat Ramadan. Jom-Kippur ist der höchste Feiertag im Judentum, ein strenger Fasten- und Ruhetag. Alle offiziellen Kommunikationsmedien, vor allem Radio und Fernsehen, die entscheidenden Kanäle zur Einberufung der Reservisten, sind in Israel ausgeschaltet. Da an einem solchen Tag auch keine Fahrzeuge auf den Straßen unterwegs und die Menschen ausschließlich zu Hause oder in der Synagoge sind, war es sehr schwierig, die Nachricht vom Krieg zu verbreiten.

Andererseits begünstigte die Tatsache, dass die Straßen leer waren, eine überraschend schnelle Mobilisierung. Denn erst in der Nacht vom 5. auf den 6. Oktober hatte die israelische Führung die Nachricht vom Angriff um 18 Uhr des folgenden Tages erhalten, der dann tatsächlich bereits vier Stunden früher begann. Syrien versuchte mit fast 1000 Panzern die dünn besetzten und unter hohen Verlusten verteidigten israelischen Stellungen zu stürmen, während die ägyptische Armee auf breiter Front über den Suezkanal vorstieß, mehrere Brückenköpfe bildete und die Bar-Lev-Linie bis auf ihre nördlichste Anlage überrannte. Trotz des Desasters an beiden Fronten konzentrierte die israelische Armeeführung ihre ganze Aufmerksamkeit – vor allem die Feuerkraft der Luftwaffe – vorerst auf das bevölkerungsreiche nördliche Kampfgebiet und erreichte bereits nach wenigen Tagen eine radikale Wende im Kriegsgeschehen. Drei Tage später standen die israelischen Truppen nach der Vernichtung fast aller syrischen Panzerverbände 30 Kilometer vor Damaskus.

Auf dem Sinai scheiterte eine israelische Gegenoffensive erst einmal kläglich, sodass Golda Meier bereits den Befehl gab, dreizehn Jericho-Raketen mit Atomgranaten zu bestücken. An beiden Fronten zeigten sich die Soldaten und Kommandanten Zahals irritiert über die Diskrepanz zwischen dem Bild des arabischen Soldaten, das sie im Kopf hatten, und den entschlossenen Kämpfern, denen sie gegenüberstanden. Der Kommandant der Reservistendivision Ariel Sharon beschrieb es so: «Plötzlich passierte bei den Soldaten etwas Neues. Dies waren Soldaten, die nur mit Sieg groß geworden waren [...] das war eine Generation, die nie verloren hatte. Nun standen sie unter Schock. Wie konnte es sein, dass die Ägypter den Suezkanal vor unseren Augen überquerten? Wie konnte es sein, dass *sie* sich nach vorn bewegten und *wir* besiegt wurden?» Doch die Wende kam schon am 14. Oktober, als sich die Ägypter vom Kanal wegbewegten und in den Sinai vorstießen, während israelische Truppen daraufhin den Kanal überquerten und bald hundert Kilometer vor Kairo standen. Als die Gefahr eines direkten Eingreifens der Sowjetunion drohte, willigte Israel in den Waffenstillstand ein. Die Rolle der USA und der Sowjetunion in diesem Krieg war von ausschlaggebender Bedeutung: Beide Seiten bewahrten ihre Protegés mit riesigen Lieferungen militärischer Ausrüstung und Munition vor dem Ärgsten. Weltpoltisch betrachtet wurde der Nahe Osten im Herbst 1973 ein Spielfeld im Kalten Krieg der Großmächte.

Zur Angst um die eigene Existenz, die die Menschen während des Krieges aufs Neue erfuhren, kam danach das tiefe Erschrecken über 2500 israelische Gefallene und mehr als 7000 Verwundete. Es war die höchste Verlustzahl seit dem Krieg von 1948, und der allgemeine Eindruck war, dass sich das alte jüdische Schicksal wiederhole. Die Bevölkerung war enttäuscht von der Regierung, und man suchte nach Schuldigen für das, was «das Versagen» (ha-mechdal) genannt wurde. Die Agranat-Kommission suchte die Verantwortung beim Militär und den Nachrichtendiensten, die die Hinweise nicht richtig gedeutet und zu Beginn des Krieges falsch reagiert hätten. Gleichzeitig wurden Golda Meir und Verteidigungsminister Moshe Dayan in Schutz genommen. In der Folge wuchs der Druck vonseiten der Bevölkerung, obwohl Meir die Wahl Ende Dezember noch gewonnen hatte. Im Februar 1974 begann der Reserveoffizier Motti Ashkenazi, Kommandant der einzigen Bastion am Suezkanal, die standgehalten hatte, allein gegenüber dem Büro der Premierministerin zu demonstrieren. Er forderte das Kabinett, allen voran Dayan und Meir, auf, Verantwortung für das allgemeine Versagen zu übernehmen. Rasch entwickelte sich diese private Initiative zu einer der größten Protestbewegungen in der Geschichte des Landes. Am 10. April 1974 trat die krebskranke Premierministerin mit ihrem Kabinett zurück. Ihr folgte der Oberbefehlshaber des Sechstagekrieges, Yitzhak Rabin, als Premierminister. Zum ersten Mal stand an der Spitze der Regierung ein im Land geborener Sabra und Ex-General. Moshe Dayan bekam im neuen Kabinett keinen Auftrag mehr, kehrte aber 1977 unter Menachem Begin für zwei Jahre als Außenminister noch einmal in die Politik zurück. Überhaupt signalisierten diese Proteste einen Wandel in der israelischen Gesellschaft, in der sich der richtunggebende Einfluss auf Politik und Demokratie zunehmend von der Macht des Establishments in den Fluren der Knesset auf die Straße verlagerte. Nach diesem Krieg gewannen Demonstrationen und Proteste zunehmend an politischem Gewicht.

In der israelischen Gesellschaft war die Euphorie nach dem Sechstagekrieg einer tiefen Identitätskrise gewichen, die in einer kollektiven Nachdenklichkeit und melancholischen Grundstimmung ihren Ausdruck fand, begleitet von Gefühlen nostalgischer Sehnsucht nach einer unbestimmten Vergangenheit. In einem Zeitungsartikel in den Tagen des Krieges hatte der Dichter und Songwriter Yehonatan Geffen ein Gedicht veröffentlicht, das unter dem Titel *Erinnert ihr euch an die Lieder* Szenen aus einer naiven, unberührten Kindheit beschreibt. Der Sänger Hanan Yovel vertonte es während eines Truppenbesuchs in Ägypten und machte es zum Titelsong seines Debutalbums, das 1974 erschien. Die letzte Strophe des populären Liedes gibt die damalige allgemeine Stimmung wieder:

Erinnert ihr euch an die Felder,
an die Narzissen an den Samstagen?
Alles ist so schnell vergangen,
und es ist ein bisschen schwierig, sich zu erinnern,
wie einfach es damals war
zu singen, zu leben und nicht zu sterben.

Der Tod war gefühlt wieder sehr nah und präsent für Israelis, und mit den vorhergehenden von 1967, 1956 und 1948 fügte sich der Krieg von 1973 zu einem allgemeinen Eindruck von Verlust und tragisch-schicksalhafter Kontinuität der Generationen. Der Dichter Haim Hefer, einer der prominenten Vertreter der 1948er-Generation, brachte sein Gedicht *Die lange Linie* schon während des Krieges heraus:

> Hier seid ihr meine Helden unter den weißen Steinen,
> hier gebt ihr euch die Hände, Generation zu Generation,
> Vater zu Sohn, Bruder zu Bruder.

Bis zum Oktober 1973 wurde der Krieg in der israelischen Gesellschaft als eine Art soziale Wirbelsäule betrachtet; er hielt die Gesellschaft zusammen und verband die Generationen. Aber hier lag auch ein Wendepunkt: Die Knospen des Zweifels, die schon während des Abnutzungskrieges in Teilen der Gesellschaft wahrzunehmen und nach dem Jom-Kippur-Krieg gewachsen waren, entwickelten sich in den kommenden Jahren weiter. Dies war auch der letzte Krieg, der im ganzen Land alle Lebensbereiche beeinträchtigt hatte; von nun an sollten die Konflikte punktuell sein oder in der Unterdrückung von zivilem Aufruhr bestehen, was den Widerhall des Krieges von 1973 in der Gesellschaft weiter verstärkte.

Eines der entscheidenden Ergebnisse des Krieges war die Entstehung der national-religiösen Gush-Emunim-Bewegung («Block der Gläubigen»), die den Kern der israelischen Siedlerbewegung in der Westbank und im Gazastreifen bildete. Obwohl vor 1973 schon zwei Siedlungen in Gush-Ezion und in Hebron sowie einige im Jordan-Tal gegründet worden waren, konnte man noch nicht von einer Bewegung sprechen. Die Gründer von Gush-Emunim stammten aus einer Jeschiwa (Talmud-Hochschule) in Jerusalem und waren von den messianischen Lehren des charismatischen Rabbis Zvi Jehuda Hacohen Kook beeinflusst. In der Atmosphäre nach 1973 hatte sich eine Gruppe von Jeschiwa mit dem Namen «Elon More» dazu entschlossen, zum ersten Mal in Samaria – einer von Palästinensern dicht besiedelten Region – eine neue jüdische Siedlung zu gründen. Nachdem sechs Wochen zuvor ein Versuch gescheitert war, ließ sich am 26. Juli 1974 eine Gruppe von 20 Familien, begleitet von 2500 Unterstützern und prominenten Politikern (darunter Menachem Begin und Ariel Sharon), im alten Bahnhof des arabischen Dorfes Sebastia, nördlich von Nablus, nieder. Als es der Armee mehrmals nicht gelang, die Niederlassung zu räumen, durfte die Gruppe ihr Lager als Kompromiss in der nahe gelegenen Kaserne Kadum aufschlagen, um die herum drei Jahre später die Siedlung Kedumim entstand. Damals wurde die Strategie für die zukünftige Siedlerbewegung entwickelt: von der illegalen Niederlassung weniger Familien, dem Standhalten der hartnäckigen Räumungsversuche der Armee bis zur offiziellen Resignation der Behörden. Dabei lag die Hauptarbeit der Siedlerbewegung im PR-Bereich. Parallel zur Besiedelung des Landes ging es ihr darum, «in die Herzen der Israelis zu siedeln». Tatsächlich ersetzte die Figur des Gush-Emunim-Mitglieds in der öffentlichen Meinung nach 1973 die des älteren zionistischen Pioniers, des Kibbuzniks. Am 17. Mai 1977 gab es schließlich in Israel eine politische Sensation: Menachem Begin gewann mit seiner Likud-Partei die Wahl und zum ersten Mal übernahmen die rechten politischen Falken die Regierung. Begins Sieg kann als eine Nachwirkung des Krieges und der folgenden sozialen Entwicklungen interpretiert sowie als Wendepunkt in der Politik Israels betrachtet werden. Zwei Tage nach der Wahl reiste Begin zur Kaserne Kadum, wo er vor den dort wohnenden Familien erklärte: «Wir werden noch viele Elon Mores haben, und bald werden wir Kadum nicht mehr benötigen.» Er stand zu seinem Wort: Während seiner Amtszeit, bis Oktober 1983, blühte das Siedlungsprojekt, mehr als 60 Niederlassungen wurden gegründet, jede einzelne im Widerspruch zum internationalen Gesetz. Gleichzeitig war Begin der erste israelische Premierminister, der Frieden mit einem Nachbarland schloss, nachdem er die Initiative Anwar al-Sadats vom November 1977, zum ersten offiziellen Besuch nach Israel zu kommen, befürwortet hatte.

V. Verschwindende Grenze und Polarisierung der Gesellschaft 1977–1995

Im Sommer 1986 fand beim Jerusalemer Filmfestival die Premiere des ursprünglich als studentische Arbeit entstandenen Films von Rafi Bukai *Avanti Popolo* statt. Darin waren zum ersten Mal im israelischen Kino die Helden der Geschichte keine Israelis, sondern zwei ägyptische Soldaten, Gassan und Khaled, die sich am Ende des Sechstagekrieges 1967 auf der Halbinsel Sinai auf dem Weg zurück in Richtung Suezkanal und Heimat verirrt haben. Auf ihrer Flucht und Suche nach Wasser in der endlosen Wüste begegnen sie verschiedenen Gestalten, unter anderen einem toten UN-Soldaten in einem verwaisten Jeep neben einer Flasche Whiskey und einem Sonnenschirm. In ihrer Not – und als Muslime ohne Erfahrung mit Alkohol – trinken die beiden die Flasche leer und setzen ihre Reise fort, bis sie von einer Patrouille gelangweilter israelischer Soldaten beobachtet werden, die überrascht und amüsiert sind, dem Feind in diesem Zustand zu begegnen. Im ersten Moment schießen die Israelis zum Spaß auf die Ägypter, ohne sie zu treffen, aber später lassen sie die beiden näher kommen. Als Khaled den Wasserkanister der Israelis entdeckt, stürzt er sich darauf. Einer der israelischen Soldaten zieht ihn jedoch zurück und zusammen mit einem zweiten blockieren sie den Weg zum Wasser.

In seiner Verzweiflung erinnert sich Khaled – der von Beruf Schauspieler ist – an den Hauptmonolog des Charakters, den er vor Ausbruch des Krieges gespielt hat, nämlich des «Juden» Shylock aus Shakespeares *Der Kaufmann von Venedig*, jener Figur, die seit Jahrhunderten für das antisemitische Bild der Juden Europas steht. Der Muslim Khaled spielt die Rolle – betrunken und voller Pathos – vor den jüdischen Soldaten: «Hat nicht ein Jude Augen? Hat nicht ein Jude Hände, Gliedmaßen, Werkzeuge, Sinne, Neigungen, Leidenschaften? Mit derselben Speise

Der Ägypter Khaled (Salim Dau) marschiert mit Sonnenschirm Richtung Heimat. Szene aus dem Film *Avanti Popolo* von Rafi Bukai, 1986

genährt, mit denselben Waffen verletzt, denselben Krankheiten unterworfen, mit denselben Mitteln geheilt, gewärmt und gekältet von eben dem Winter und Sommer wie ein Christ? Wenn ihr uns stecht, bluten wir nicht? Wenn ihr uns kitzelt, lachen wir nicht? Wenn ihr uns vergiftet, sterben wir nicht? Und wenn ihr uns beleidigt, sollen wir uns nicht rächen?» Als Khaled fertig ist, fragt der eine israelische Soldat den anderen in betonter Ignoranz: «Was quatscht der da?», und der erwidert: «Er hat die Rollen durcheinander gebracht.» Aber nun erlauben sie den Ägyptern zu trinken, die ungewöhnliche Gruppe wandert zusammen weiter, und schließlich entwickelt sich Sympathie zwischen den Soldaten.

Bukais Film signalisierte eine Wende in der israelischen Wahrnehmung des Konflikts und im Selbstverständnis Israels als Gesellschaft. Er vertauschte die bis dahin festgeschriebenen Rollen und stellte die Araber als Identifikationsfiguren vor. Deren trunkene Performance löste Mitgefühl und Sympathie aus, wenn etwa Khaled, den Sonnenschirm anstatt des Gewehrs geschultert, wie ein Doppelgänger von Charlie Chaplins *The Tramp* Richtung Heimat stapft, während die Israelis eher sardonisch und ignorant (aber nicht böse) erscheinen. In einem Interview erzählte Bukai, die Idee zu diesem Film sei ihm während des Libanonkrieges von 1982 gekommen, der von vielen Israelis als der erste «Krieg der Wahl» wahrgenommen wurde, da die Existenz ihres Landes nicht bedroht war: «Ich habe gesehen, wie Palästinenser und Israelis zugleich am Krieg leiden, und ich habe verstanden, dass die Macht, die Israel braucht, um weiter zu existieren, in seiner Humanität und Gerechtigkeit liegt.» Mit seinem Film wollte er die Unterschiede zwischen Arabern und Juden relativieren und mit der Platzierung der Begegnung im leeren, neutralen Raum der Wüste die Absurdität jedes Krieges betonen. Dazu kommt noch die Tatsache, dass die Darsteller von Khaled und Gassan – Salim Dau und Suhel Haddad – Palästinenser waren und ihr Arabisch im Film mit palästinensischem und nicht ägyptischem Dialekt gesprochen wurde. Für den palästinensisch-israelischen Schriftsteller Anton Shamas brachte die Darstellung der beiden ägyptischen Soldaten «die Palästinenser durch die Hintertür mit einem brillanten kinematografischen, humanen, humoristischen und vor allem klugen Ablenkungsmanöver in das israelische Bewusstsein zurück». In der Zeit zwischen 1977 und 2000 begegneten Israelis ihren Nachbarn nicht mehr als Soldaten auf dem Schlachtfeld, sondern als Zivilisten – als Gesellschaft. Die Ereignisse, die diesen Begegnungen folgten, lösten einen Prozess des Nachdenkens aus, der das Land ein Stück weit weg vom «klassischen» zionistischen Narrativ rückte und zu neuen – manchmal sich widersprechenden – Gedanken über die Lage Israels in der Region anregte.

1. Das Friedensabkommen mit Ägypten

Am 9. November 1977 erklärte Sadat vor dem ägyptischen Parlament seine Absicht, nach Israel zu reisen, um dort über ein Friedensabkommen zu verhandeln. Diese Erklärung erschreckte die ägyptischen Minister und die gesamte arabische Welt und wurde im ersten Moment in Israel mit Verblüffung und Argwohn wahrgenommen. Hinter dieser Erklärung stand Sadats Enttäuschung über die steckengebliebenen Verhandlungen seit dem Jom-Kippur-Krieg, die bis dahin von den USA dominiert wurden. Der ägyptische Präsident erkannte, dass die Kluft zwischen den beiden Völkern psychologisch und emotional begründet war und dass, um sie zu überbrücken, dramatische Maßnahmen erforderlich waren. Die israelische Seite misstraute Sadats Vorhaben: Begin hielt ihn für unzuverlässig, und der israelische Oberbefehlshaber Motta Gur fürchtete gar, dass die wahre Intention dahinter ein neuer Krieg sei und es sich nur um eine List wie 1973 handele. Gegen die Meinung seiner Berater entschied Begin, die frontale Strategie Sadats zu erwidern: «Wenn sich der ägyptische Präsident tatsächlich entscheiden wird, nach Jerusalem zu kommen, werde ich ihn mit allen Ehren, die einem Präsidenten zustehen, empfangen,» sagte Begin und fügte mit leichter Ironie an: «Ich werde mich ebenso freuen, Kairo zu besuchen und die Pyramiden zu sehen [...] schließlich haben unsere Vorfahren geholfen, sie aufzubauen.» Am 15. November schickte der israelische Premierminister eine offizielle Einladung nach Kairo und am 19. November 1977 um 20.00 Uhr landete Sadat am Flughafen Ben-Gurion. Auf dem Rollfeld wartete Begin zur Begrüßung seines Gastes und begleitete ihn dann durch die Reihen der vollzählig angetretenen politischen Prominenz. Zu Golda Meir meinte Sadat: «Ich warte seit langem darauf, Sie zu treffen.» «Aber Sie sind nicht gekommen», sagte sie zu ihm, worauf er erwiderte: «Jetzt bin ich da.» Zu Motta Gur sagte Sadat: «Ich habe Sie nicht getäuscht.» Gur brach in schallendes Gelächter aus.

Den nächsten Tag begann Sadat mit einem Morgengebet in der Al-Aqsa-Moschee, dann besuchte er zusammen mit Begin Yad Vashem. Am Nachmittag stand der Höhepunkt des Besuchs an: Sadat und Begin vor der Knesset. In seiner Rede betonte der ägyptische Präsident, sein Ziel sei nicht nur Frieden zwischen Israel und Ägypten, sondern eine Gesamtlösung des Konflikts: Frieden in der Region gegen den israelischen Rückzug aus den 1967 eroberten Territorien sowie die Gründung eines souveränen palästinensischen Staates. Gleichzeitig war ihm sein Auftritt auch als historischer Moment bewusst: «Sie wollen mit uns in diesem Teil der Erde leben. In aller Ehrlichkeit sage ich Ihnen, wir heißen Sie unter uns willkommen, mit vollem Schutz und Sicherheit.» Begin blieb in seiner Rede zurückhaltender als Sadat und hielt sich zum großen Teil im Rahmen des israelischen Narrativs: «Lassen Sie uns Verhandlungen führen, Herr Präsident, als frei verhandelnde Parteien für ein Friedensabkommen [...] wir glauben absolut, dass der Tag kommen wird, an dem wir es mit gegenseitigem Respekt unterzeichnen können».

Die Treffen zwischen Ägyptern und Israelis während Sadats Besuch waren herzlich und oft von Humor geprägt. Golda Meir schenkte Sadat «von einer Großmutter an einen Großvater» ein Paar goldene Ohrringe, ein Armband und eine Kette für seine kurz zuvor geborene Enkeltochter. Am Nachmittag des 20. Novembers verabschiedeten sich Begin und Sadat mit einer gemeinsamen Pressekonferenz, auf der beide schlicht versprachen: «Nie wieder Krieg!».

Sadats Besuch konterkarierte alle Denkschablonen von Israelis über Araber. Der Historiker Benny Morris beschrieb es so: «Die Israelis, die mit dem Vorurteil einer tief verwurzelten arabischen Feindseligkeit und Barbarei aufwuchsen, lernten jetzt den wichtigsten Anführer der arabischen Welt, den Architekten des blutigen Überraschungskrieges von 1973 kennen: Vor ihnen stand ein ewig lächelnder Mann, väterlich wirkend, von sanfter Redensart, ein Idealist voll Selbstachtung, der eindeutig den Frieden wollte und bereit war, sein Leben dafür zu riskieren.» Umgekehrt waren die Ägypter vom warmen Empfang ihres Präsidenten in Israel gerührt, und bei seiner Rückkehr warteten Hunderttausende auf Sadat. Der Journalist Amos Elon, der einer der ersten Israelis war, der Ägypten 1978 besuchte, zeigte sich nach Gesprächen mit vielen Ägyptern überzeugt, «dass Sadat mit seiner Friedensbereitschaft das ägyptische Volk nicht angeführt, sondern ihm gefolgt war». In der arabischen Welt dagegen wurde Sadats Geste mit Bestürzung aufgenommen und als Verrat verurteilt. Am 2. Dezember beschlossen viele arabische Länder mit Unterstützung der PLO, Ägypten wirtschaftlich zu boykottieren und die diplomatischen Beziehungen abzubrechen.

Nach dem Besuch in Jerusalem begannen eineinhalb Jahre schwieriger Verhandlungen unter der Aufsicht des amerikanischen Präsidenten Jimmy Carter. Am 17. September 1978 kam es zum Abkommen von Camp David, das den Rahmen für Frieden in der Region auf der Basis eines israelischen Rückzugs aus den besetzten Gebieten vorgab, und am 26. März 1979 wurde der Vertrag schließlich vor dem Weißen Haus feierlich unterzeichnet. Während der Verhandlungen schienen die Ägypter die Idee eines allumfassenden Friedens unter Einbeziehung der Palästinenser zugunsten eines spezifischen Abkommens mit Israel aufgegeben zu haben. So blieben die Palästinenser von dem Vertrag ausgeschlossen, vielleicht wegen ihrer klaren Stellung gegen alle Verhandlungen, vielleicht aber auch, weil ihre Sache für Sadat nie wirklich wichtig gewesen war. Nach Unterzeichnung des Vertrags folgte die gegenseitige Anerkennung der beiden Länder, die nun volle diplomatische, wirtschaftliche und kulturelle Beziehungen aufnahmen. In den Jahren danach gab Israel die Halbinsel Sinai an Ägypten zurück und alle militärischen und zivilen Anlagen wurden geräumt. Von ägyptischer Seite erhielt Israel freie Fahrt durch den Suezkanal und einen Frieden, der – einmal kühler, dann wieder freundlicher – bis heute anhält. Sadat selbst bezahlte seinen Mut mit seinem Leben: Am 6. Oktober 1981 wurde er von Aktivisten des ägyptischen Islamischen Dschihad, die der religiös-fundamentalistischen Muslimbruderschaft nahestanden, ermordet.

Für viele Israelis bedeutete die neue Realität eine Art Bestätigung für ihre endgültige Ankunft in der Region und eine Öffnung zum arabischen Teil des Nahen Ostens. Die Tatsache, dass man in Tel Aviv in einen Bus einsteigen und einige Stunden später in Kairo aussteigen konnte, bedeutete für sie eine Erweiterung ihres Horizonts. So ist es kein Wunder, dass seit damals die jüdisch-israelisch-arabische Misrachi-Kultur langsam Eingang in den israelischen Mainstream fand, der bis dahin von den Aschkenasim – den aus Europa stammenden zionistischen Juden – definiert und dominiert war. 1979 veröffentlichte der Dichter Erez Biton seinen Band *Nana [marokkanische Minze]*. Biton wurde 1941 in Algerien geboren und immigrierte mit seiner Familie nach Israel, als er sechs Jahre alt war. Dort kam er wie viele andere Zuwanderer erst einmal in einer Baracke unter. Mit elf verlor er sein Augenlicht und seinen linken Arm bei einem Unfall, als er mit einer zufällig entdeckten alten Handgranate spielte. Bitons Gedichte wurden zur Stimme der Misrachi-Israelis und ihrer Schwierigkeiten, ihre Kultur unter der hegemonialen aschkenasischen Gesellschaft zu erhalten. So schrieb er zum Beispiel in seinem Gedicht *Kurzfassung eines Gesprächs*:

> Was ist es, authentisch zu sein,
> Zu laufen inmitten der Dizengoff[strasse] und zu schreien im jüdischen Marokkanisch:
> «Ana min el-Maghreb ana min el-Maghreb.» (Ich bin aus dem Atlas Gebirge,
> ich bin aus dem Atlas Gebirge.)

Bitons Gedichte öffneten auch für andere Misrachi-Intellektuelle die Türen zur Öffentlichkeit. 2015 wurde ihm der Israel-Preis für Literatur verliehen, die höchste staatliche Kulturauszeichnung.

Auch für die Populärkultur waren die 1980er-Jahre eine Zeit, in der sich die israelische Gesellschaft und ihr zionistisches Narrativ zu anderen Perspektiven und Gruppen hin öffnete, die bis dahin politisch und kulturell ausgeschlossen waren. Der Sänger Zohar Argov, geboren als Zohar Orkabi in einer aus dem Jemen stammenden Familie, brachte 1980 sein zweites Album heraus, nachdem er zu einem der populärsten Sänger Israels geworden war. Er sang auf arabische Art, doch in hebräischer Sprache. Sein Erfolg führte auch zu einer Kooperation mit bedeutenden Aschkenasi-Songwritern und zur Integration dieser arabisch beeinflussten Musik in die israelische Kultur, und Argov selbst gilt als eine der Säulen israelischer Populärkultur.

Durch das Friedensabkommen mit Ägypten öffnete sich die israelische Gesellschaft politisch und kulturell nun zwar zur umgebenden Region hin, aber gleichzeitig führte diese Öffnung zur Polarisierung zwischen den verschiedenen politischen, religiösen und ethnischen Gruppen innerhalb des Landes.

Bis 1982 zog sich Israel, wie im Friedensvertrag festgelegt, schrittweise aus dem Sinai zurück. Seit der Eroberung 1967 hatte die Halbinsel für Israelis ein besonderes Territorium geboten, eine Art Grenzland, in dem man Weite und Freiheit finden konnte, wo aber auch der Zionismus sich nach altem Muster wieder über den Siedlungsbau ans Werk machen konnte. Der Historiker und Journalist Dominik Peters nennt dieses Phänomen «Pionier(t)raum», in dem man die utopische Imagination erhält und zugleich Orte findet, sie umzusetzen.

Einer der großen Konflikte innerhalb Israels entstand mit der Räumung der Siedlung Jamit in der Nähe des Gazastreifens. Während die meisten Bewohner Jamits die Stadt friedlich verließen, besetzten Anhänger von Gush Emunim aus dem Westjordanland die leeren Häuser und leisteten – von den Medien intensiv dokumentiert – Widerstand bei deren Räumung. Der Rückzug und die Bilder aus dem Sinai setzten Menachem Begin unter Druck, woraufhin er mit dem Jerusalem-Gesetz (1980) reagierte, das «das vereinte Jerusalem [...] in seiner Gesamtheit zur Hauptstadt Israels» erklärt. Es folgte 1981 das «Golan-Ebene-Gesetz», mit dem Israel offiziell die Golanhöhen annektierte. Gleichzeitig erweiterte Begin das Siedlungsprojekt in der Westbank, und so war der Preis für die territorialen Zugeständnisse gegenüber Ägypten eine Verstärkung des israelischen Griffs auf das Westjordanland und auf den Gazastreifen.

2. Tauben: Der erste Libanonkrieg und die Geburt der Friedensbewegung

Nach dem Sechstagekrieg rückte der Kampf der Palästinenser ins Zentrum des arabisch-israelischen Konflikts. Die PLO unter Jassir Arafat musste das Westjordanland verlassen und fand Rückhalt in den palästinensischen Flüchtlingslagern im Norden Jordaniens und im Umkreis der Hauptstadt Amman. Arafat, der nach der PLO-Tradition ein Sprössling der berühmten Jerusalemer Al-Husseini-Familie war, wurde 1929 in Kairo geboren, gründete 1959 die «Bewegung zur Befreiung Palästinas» (Al-Fatah) und übernahm kurz danach die von Nasser ins Leben gerufene PLO. In den 1970er-Jahren führte Arafat gegen Israel, aber auch weltweit Terroraktionen durch, darunter die

Entführung von Flugzeugen und immer kühner werdende Unternehmungen gegen König Hussein, die dessen Herrschaft über Jordanien gefährdeten. Im September 1970 reagierte dieser, griff die Lager der PLO an und vertrieb deren Kämpfer weiter nach Norden in den Libanon. Der PLO zufolge wurden bei diesen Aktionen 3500 palästinensische Zivilisten und 900 Kämpfer getötet. Diese Geschehnisse, die als «Schwarzer September» bezeichnet wurden, lieferten der Terrororganisation, die das Massaker an den israelischen Sportlern 1972 während der olympischen Spiele in München beging, ihren Namen.

Im Südlibanon setzte die PLO ihre Aktionen gegen die Bewohner Nord-Israels noch intensiver fort und agierte nahezu unabhängig von der libanesischen Regierung. Aufgrund der Spannungen zwischen der PLO und den Falange-Milizen der Maroniten, einer christlichen Minderheit, die ganz im Süden und im Norden des Libanon lebt, brach 1975 ein Bürgerkrieg aus. Ein Jahr später verschlimmerte sich die Situation, woraufhin Syrien im Libanon einmarschierte. In seiner Not wandte sich Pierre Gemayel, der Führer der Maroniten, an Israel mit der Bitte um Hilfe. Menachem Begins Sieg bei der Wahl 1977 signalisierte eine Annäherung zwischen Israel und der maronitischen Führung. Für Begin war die PLO eine Inkarnation des Nationalsozialismus und Arafat ein neuer Hitler, weshalb die leidende christliche Minderheit seine Empathie weckte. Anfang der 1980er-Jahre häuften sich die Angriffe der PLO im Norden Israels, und in der Regierung verbreitete sich das Gefühl, dass eine Militäraktion unvermeidbar sei. Begins Ernennung des streitlustigen Ariel Sharon zum Verteidigungsminister war ein klares Signal in diese Richtung. Oberstes Ziel einer solchen Aktion konnte nur die endgültige Vertreibung der PLO aus dem Südlibanon sein. Damit hofften Begin wie auch Sharon, Israels Hegemonie im Westjordanland abzusichern. Ein weiteres Ziel musste es sein, Syrien aus dem Libanon zu vertreiben und eine maronitisch-christliche Regierung zu installieren und damit einen Verbündeten für Israel im Nahen Osten zu gewinnen. Als Präsidenten einer neuen Regierung hatte Israel Baschir Gemayel, Pierres charismatischen Sohn, im Auge.

Einen handfesten Vorwand zum Angriff, auf den Israel gewartet hatte, lieferte ein Anschlag der Gruppe Abu Nidal – einer Abspaltung der PLO – auf den israelischen Botschafter in Großbritannien, der dabei schwer verletzt wurde. Sofort danach präsentierte Sharon dem israelischen Kabinett den Plan «Kleine Pinie», dessen Ziel darin bestand, vierzig Kilometer weit in den Libanon einzumarschieren und die PLO in den Norden zu verdrängen. Diese Aktion sollte wenige Tage dauern. Die Alternative war der Plan «Große Pinie», demzufolge Israel im Libanon bis zur Damaskus-Beirut-Straße vordringen, sich mit den belagerten Falangisten in Beirut vereinen und die Regierung im Land der Zedern austauschen sollte. Das Kabinett beschloss nur den ersten Plan, doch Sharon sprach von der Möglichkeit einer «rollenden» Aktion, die sich – abhängig von den Ereignissen – im Kampf entwickeln könnte. Am 6. Juni 1982 überquerten israelische Panzer die Nordgrenze. Die «Operation Frieden für Galiläa» hatte begonnen und wurde in den ersten Tagen von der Bevölkerung auch begrüßt. Begin nannte das Unternehmen einen «Krieg der Wahl», um Israels Situation im Nahen Osten zu verbessern und «ein nochmaliges Treblinka» für das jüdische Volk zu verhindern. Tatsächlich hatte der Krieg im ersten Moment einen vereinenden Effekt auf die Gesellschaft, wie eine der Tageszeitungen in einem Leitartikel schrieb: «[...] jetzt gibt es keine Opposition, keinen Likud und Maarach, keine Religiösen und Säkularen, Reiche und Arme, Aschkenasim oder Misrachim, jetzt sind wir alle ein Volk in Uniform. Jetzt wird geschossen. Ruhe.»

Sharon stoppte nicht nach 40 Kilometern, die israelischen Truppen bewegten sich im Kampf gegen die syrische Armee und PLO-Einheiten weiter nach Norden. Am 11. Juni erreichten sie Beirut und in den folgenden Tagen eroberten sie zum ersten Mal eine arabische Hauptstadt. In den nächsten Wochen kämpften sie zusammen mit der vorher in Bedrängnis geratenen Falange-Miliz der Maroniten gegen die PLO weiter. Ende Juli erklärte sich diese dazu bereit, Beirut unter Aufsicht von UNO-Truppen endgültig zu verlassen, und am 23. August wurde Baschir Gemayel zum Präsidenten gewählt. Doch bereits am 14. September starb er bei einem Bombenanschlag. Zwei Tage später drangen 150 Kämpfer der christlichen Falangisten in die palästinensischen Flüchtlingslager Sabra und Shatila ein, die unter der Aufsicht der israelischen Armee standen. Während der folgenden 30 Stunden begingen die Falangisten dort ein grausames Massaker, dem unterschiedlichen Angaben zufolge zwischen 500 und 2000 Menschen zum Opfer fielen, darunter vor allem Frauen und Kinder. Dies war der Wendepunkt des Krieges.

Je länger der Krieg dauerte und je höher die Verluste waren, desto mehr verschwanden die positiven Gefühle in der israelischen Gesellschaft. Für viele stand das Massaker in Sabra und Shatila für alles, was sie an diesem Krieg verachteten. Am 25. September 1982 fand in Tel Aviv die größte Demonstration in der Geschichte Israels statt, bei der 400 000 Menschen (ungefähr 10 Prozent der israelischen Bevölkerung) eine Untersuchung der Rolle Israels bei dem Massaker und den Rücktritt des Kabinetts forderten. Die Kahan-Kommission, die kurz darauf bestellt wurde, wies eine indirekte Verantwortung Israels für die Gewalttaten nach, wobei sie Ariel Sharon belastete und empfahl, ihn zu entlassen. Sharon verweigerte seinen Rücktritt und wurde schließlich von Begin zum Minister ohne Geschäftsbereich ernannt. Nach ein paar Monaten trat Begin selbst zurück, er verließ die Politik, verfiel in eine schwere Depression (an der er sein Leben lang gelitten hatte) und schloss sich bis zu seinem Tod 1992 in seinem Haus ein. Die israelische Armee zog sich nach dem September 1982 sukzessive aus dem Libanon zurück. Bis 1985 blieb sie an der Awali-Fluss-Linie, danach hielt sie bis 2000 nur mehr an einem Sicherheitsstreifen ganz im Süden fest. Zum ersten Mal hatte Israel einen Krieg verloren: Das Ziel, die Politik des Libanon zu beeinflussen, war gescheitert und Zahal fand sich als gehasster Mitspieler in einem blutigen Bürgerkrieg wieder. Die PLO wurde zwar aus dem Süden des Landes vertrieben, aber das Vakuum, das die säkulare palästinensische Organisation hinterlassen hatte, wurde von einem viel gefährlicheren Gegner besetzt – der fundamentalistisch-schiitischen Hisbollah, die bis heute mit iranischer Unterstützung Israel von Norden her bedroht.

Und auch für die israelische Gesellschaft stellte das Jahr 1982 einen Wendepunkt dar. In den Augen der meisten Israelis war dieser Krieg nicht berechtigt. Der Kampf in einem fremden Land und die Konfrontation mit dessen Zivilgesellschaft waren neu, und der Mythos von Israel als kleinem David, der gegen Goliath kämpft, war infrage gestellt. Stattdessen wurden erstmals die Rufe, den Kriegsdienst zu verweigern, lauter, da immerhin an die 150 junge Israelis das Militärgefängnis dem Kriegsdienst im Libanonfeldzug vorgezogen hatten. Die neugegründete Organisation «Jesch Gwul» («Es gibt eine Grenze») unterstützte diese Verweigerer auch finanziell und rief Soldaten dazu auf, den Dienst in den besetzten Gebieten abzulehnen, insbesondere nachdem im Dezember 1987 die Erste Intifada begonnen hatte. Die wichtigste Friedensbewegung, die als Reaktion auf den Libanonkrieg entstand, war «Schalom Achschaw» (Peace Now; Frieden jetzt). Ihr gelang es, Tausende Aktivisten zu Demonstrationen gegen den Krieg und gegen die israelische Politik der Gewalt im Westjordanland zu mobilisieren. Der Bruch im politischen Konsens führte zu Polarisierung und wachsender Feindseligkeit innerhalb der israelischen Gesellschaft, die oft die Form direkter Gewaltanwendung annahm.

Am 10. Februar 1982 warf ein Anhänger Begins während einer Kundgebung von Schalom Achschaw in Jerusalem, bei der die Durchführung der Empfehlungen der Kahan-Kommission und vor allem Sharons Rücktritt gefordert wurden, eine Handgranate auf Demonstranten. Emil Grünzweig, ein 35-jähriger Student und Friedensaktivist aus Jerusalem, Sohn von Holocaust-Überlebenden und Reserveoffizier, wurde getötet. Die Unterstützer Sharons und Begins waren von Beginn der Demonstrationen an mit Gewalt gegen die Friedensaktivisten vorgegangen. Von der bedrohlichen Atmosphäre gegen die Demonstranten berichtete die Schriftstellerin und Publizistin Shulamit Hareven: «Prügel ohne Pause, viel Spucken. Steine. Sie haben eine brennende Zigarette in Amirams Gesicht geworfen. Anat wurde schlimm verprügelt. Später versuchte einer von denen, eine brennende Fackel auf Talia Ziv, einer Künstlerin vom Israel-Museum, zu löschen.» In der israelischen Geschichte wurde politische Gewalt innerhalb der jüdischen Gesellschaft meistens vonseiten der rechten Falken gegen die linken Tauben ausgeübt und nur selten umgekehrt.

Der Schriftsteller Amos Kenan veröffentlichte 1984 seinen dystopischen Roman *Der Weg nach Ein Charod*, der die Flucht eines israelischen Linken erzählt. Nach einem Militärputsch in Israel und der Vertreibung aller Araber aus dem Land flieht er vom belagerten Tel Aviv in den Kibbuz Ein Charod, wo gerüchteweise noch eine freie Regierung der Rebellen existiert. Der Roman reflektierte die Angst der israelischen Linken vor möglichen Entwicklungen in jenen Jahren. Tatsächlich war die Gewalt innerhalb der jüdischen Gesellschaft oft mit wachsender Gewalt gegen Palästinenser verknüpft. 1984 entstand ein rechtsradikales Terror-Netzwerk der religiösen Siedlerbewegung, das den Namen «Der jüdische Untergrund» trug. Diese Organisation war verantwortlich für Bombenattentate auf drei palästinensische Bürgermeister 1980 (zwei davon wurden schwer verletzt), für Schüsse auf Studenten in einem islamischen College in Hebron 1983 (drei Personen wurden ermordet, 30 verletzt) und für den Versuch, fünf volle palästinensische Busse in die Luft zu sprengen. Die Mitglieder dieser Organisation wurden zwar schließlich zu Gefängnisstrafen verurteilt, waren aber alle innerhalb weniger Jahre wieder auf freiem Fuß.

Trotz dieser Geschehnisse blieb der Einfluss der Protest- und Friedensbewegung auf die israelische Politik im kommenden Jahrzehnt beachtlich. Schalom Achschaw vertrat die Idee von der Existenz zweier Staaten – Israel und Palästina –, die auf der Basis des Rückzugs aus den besetzten Gebieten nebeneinander bestehen sollten. In der politischen Agenda der 1990er-Jahre spielte dieses Konzept eine sehr bedeutsame Rolle. Schließlich war es auch eine Protestbewegung – «Vier Mütter» –, die im Jahr 2000 Ministerpräsident Ehud Barak zum Rückzug aus dem Sicherheitsstreifen im Süden des Libanon drängte. Die Organisation wurde von Soldatenmüttern gegründet, deren Söhne im Libanon dienten und die gegen die Sinnlosigkeit eines Heldentodes protestierten. Ihr Erfolg verdankt sich der besonderen Beziehung zwischen Militär und Zivilgesellschaft in Israel.

3. Militär und Zivilgesellschaft: Die Erste Intifada, Friedensprozess und politischer Mord

Die Erste Intifada

Im Frühjahr 1987 reiste der Schriftsteller David Grossman durch die besetzten Gebiete und führte Gespräche mit den Bewohnern, um den israelischen Lesern die palästinensische «Leere, die Abwesenheit, die sich schon seit Jahrzehnten mit Hass auffüllt», zu beschreiben sowie die ideologische Atmosphäre unter jüdischen Siedlern zu ermitteln. Das Buch, das den Titel *Der gelbe Wind. Die israelisch-palästinensische Tragödie* trägt, endet pessimistisch: «Ich fürchte, dass es in zehn oder zwanzig Jahren noch genauso aussehen wird wie heute. Dafür gibt es zwei Garantien: Die Dummheit der Menschen und ihr Wunsch, der heranrückenden Gefahr nicht ins Auge sehen zu müssen [...] ein Zustand, den wir bewahren möchten, der aber nicht von Dauer sein darf. Sollte er dennoch anhalten, wird der Preis tödlich sein.» Ein paar Monate später wurden Grossmans Worte für viele Israelis zur Prophezeiung.

Am 8. Dezember 1988 waren vier palästinensische Arbeiter bei einem Unfall mit einem israelischen Lastwagen ums Leben gekommen. Gerüchte, wonach es sich in Wirklichkeit um ein jüdisches Attentat gehandelt habe, lösten zum ersten Mal in allen besetzten Gebieten massive, gewalttätige Proteste aus. Der spontane Volksaufruhr, der mit Würfen von Steinen und Molotowcocktails geführt wurde, erhielt den arabischen Namen «Intifada», was «abschütteln» bedeutet. Diese Revolte war das Resümee eines zermürbenden Alltags unter israelischer Besatzung seit mehr als 20 Jahren. In dieser Zeit hatten die Palästinenser, auch wenn die israelische Verwaltung in den besetzten Gebieten rigide und manchmal grausam war, einen beeindruckenden Zuwachs an Lebensqualität und Lebenserwartung erlebt. In ihren Wohngebieten wurde die Infrastruktur verbessert, es wurden sieben Universitäten gegründet und ausgebaut sowie Vereine zugelassen. Von 1967 bis Anfang der 1980er-Jahre war das durchschnittliche Jahreseinkommen im Gazastreifen von 80 Dollar pro Person auf 1700 Dollar angewachsen, im Westjordanland hatte sich das Bruttoinlandsprodukt verdreifacht. Mit den Jahren sank die Kindersterblichkeit und 1987 waren 80 Prozent der Bevölkerung nach oder um 1967 geboren. Das führte an manchen Orten zu einer Überbevölkerung, wie etwa im Gazastreifen, der mit 1600 Menschen pro Quadratkilometer zu einem der am dichtesten bewohnten Gebiete der Welt wurde. Seit 1981 allerdings gab es eine Wirtschaftskrise in den besetzten Gebieten, was zu einer Verschlechterung der Lebensqualität führte. Aber gewichtiger als jeder andere Grund stand hinter dem Ausbruch der Intifada der wachsende Groll über die andauernde Erfahrung von Erniedrigung und Ungerechtigkeit. So kontrollierten 1987 die 2500 jüdischen Siedler, die im Gazastreifen lebten und gerade einmal 0,4 Prozent der Bevölkerung dort ausmachten, mehr als 28 Prozent des dortigen Staatsgebietes und ein Großteil der Ressourcen an Wasser war ihnen zugeteilt. 40 Prozent der Palästinenser arbeiteten als Tagelöhner in Israel für geringes Gehalt und ohne Sozial- oder Krankenversicherung. Die palästinensische Landwirtschaft wurde darauf reduziert, die Bedürfnisse des lokalen Marktes abzudecken, während Israel einträgliche Produkte für den Export kultivierte.

Sowohl Israel als auch die PLO waren vom Ausbruch und dem Ausmaß des Protestes überrascht. Die Führung der PLO, die im entfernten Tunesien saß, versuchte in den kommenden Monaten den Eindruck zu erwecken, die Intifada liefe unter ihrer Ägide. Doch waren es eigentlich die lokalen Kräfte in den Flüchtlingslagern, die die Ereignisse vor Ort kontrollierten. Dazu wurde 1987 in Gaza die Hamas gegründet, eine neue Organisation, die im Gegensatz zur säkularen PLO sunnitisch-fundamentalistisch ist. Ihre Gründungscharta ist dezidiert antisemitisch. Unter anderem heißt es dort: «Ihr Masterplan [der Zionisten] ist niedergelegt in den ‹Protokollen der Weisen von Zion› und ihr gegenwärtiges Handeln ist der Beweis dafür.»

Die israelische Regierung musste sich rasch auf die neue Lage einstellen, handelte es sich doch jetzt um einen Krieg gegen Zivilisten, der, oft gegen Kinder und Jugendliche, in Kasbahs und dicht bewohnten Gebieten geführt wurde. Anstelle von

Panzern wurden jetzt Schlagstöcke und Tränengas eingesetzt und die Metallkugeln in den Gewehren durch Plastik- und Gummikugeln ersetzt. Die Umstellung in der Art der Kriegführung und der enge Kontakt zu Zivilisten verstörte die Soldaten: Auf die Frage der Armee, was mit den Schlagstöcken zu tun sei, erwiderte Verteidigungsminister Yitzhak Rabin: «Arme und Beine brechen.» Und tatsächlich führte diese neue Situation insgesamt zu einer Brutalisierung im Vorgehen der Armee. Dazu kam noch die kollektive Bestrafung, die bis heute über die palästinensische Bevölkerung verhängt wird, in den meisten Fällen jedoch das Gegenteil des erwünschten Effekts bewirkt. Geschlossene Schulen – in den ersten zwei Jahren der Intifada hatten palästinensische Kinder lediglich 40 Schultage – förderten die Teilnahme von Kindern und Jugendlichen an Demonstrationen auf der Straße. Die Verhaftungswellen verwandelten die israelischen Gefängnisse in inoffizielle Werkstätten für palästinensische Nationalidentität und Vernetzung, und die Ausgangssperre, die die Bewegungs- und Einkommensmöglichkeiten der Menschen begrenzte, steigerte nur den Hass und die Verbitterung.

Mit der Intifada haben die Palästinenser großen Teilen des zionistischen Israel einen Spiegel vorgehalten, und viele waren erschüttert von dem Bild, das ihnen da entgegenblickte. 1989 kam *Hinter uns die Sintflut*, ein Album der israelischen Sängerin Nurit Galron, heraus. Der Titelsong war eine scharfe Replik auf das Vorgehen Israels in den besetzten Gebieten und auf die Gleichgültigkeit der Einwohner Tel Avivs angesichts des Leids der Palästinenser, wie der Refrain sagt:

> Nein, erzähl' mir nicht von einem Mädchen,
> das sein Auge verlor,
> das tut mir nicht gut.
> Lass uns das Tel-Aviv erleben, das uns gegenüber ist,
> hinter uns die Sintflut.

Das Lied wurde anfangs im Militärsender verboten und erst nach einer öffentlichen Debatte zugelassen. Dies waren auch die Jahre, in denen die schon erwähnten «neuen Historiker» die

Ein israelischer Soldat geht an einer palästinensischen Frau vorbei. Poster von David Tartakover mit der Aufschrift «Ima», Mutter, 1988

Geschichte Israels im Krieg von 1948 überdachten und Israels Entstehungsmythen dekonstruierten. Es war der Geburtsmoment des Postzionismus, der das Meta-Narrativ des Staates Israel herausforderte.

Der Künstler und Graphikdesigner David Tartakover gestaltete 1988 ein Poster, auf dem ein bewaffneter Soldat zu sehen ist, der allein an einer älteren palästinensischen Frau vorbeigeht, die in ihrer Haustür steht, und sie anblickt. Darauf hatte Tartakover das Wort «Ima» – Mutter auf Hebräisch – geschrieben, um die menschliche Nähe zwischen beiden Seiten hervorzuheben. Könnte die arabische Frau nicht auch die Mutter des israelischen Soldaten gewesen sein? Oder vielleicht erinnerte sie den Soldaten an seine eigene Mutter, die an ihrer Türschwelle auf ihn wartet? In jedem Fall reflektiert dieses Plakat die Spannung zwischen Militär und Zivilgesellschaft in Israel, die sich seit der Ersten Intifada verschärfte.

Militär- und Zivilgesellschaft

Der hohe Stellenwert von Militär und Militarismus in der israelischen Gesellschaft wurde durch eine Realität geschaffen, in der die Ausübung von Macht als notwendig und als integraler Teil der israelischen Kultur wahrgenommen wird. So müssen alle 18-Jährigen Militärdienst leisten, Männer fast drei und Frauen zwei Jahre lang. Diese Zeit wird als zentraler Lebensabschnitt angesehen, auf den vor allem Jungen von klein auf vorbereitet werden. Im letzten Jahr des Gymnasiums wird im Rahmen der Schule eine Woche Vorbereitung in einer Armeekaserne organisiert, die das Leben im Militär simuliert. Für viele Schüler bringt die Rekrutierung in Kampf- und Eliteeinheiten auch soziales Prestige mit sich, eine Tendenz, die von der Regierung unterstützt wird. Nach dem Ende des Pflichtdienstes müssen sich die meisten Männer als Reservisten bis zum Alter von 40 bis 50 Jahren – dies hängt von der Funktion ab – bereithalten. Ihre Rolle besteht darin, der regulären Armee in Routine- und Notsituationen zur Verfügung zu stehen. Aus diesem Grund wird jeder dienende Zivilist für einige Wochen im Jahr eingezogen. Die 400 000 Reservisten bilden 70 Prozent der Armee, und obwohl sie nur einen geringen Teil der israelischen Gesamtbevölkerung ausmachen, trägt ihr regelmäßiger Wechsel zwischen beiden Bereichen zur Militarisierung der Zivilgesellschaft bei.

Zahal hatte über die Jahre auch eine soziale Rolle als zentrales Element der Schmelztiegel-Ideologie der ersten Jahrzehnte. Für viele sozial benachteiligte Jugendliche bot der Militärdienst eine Chance zum wirtschaftlichen Aufstieg. Bis 2001 gab es spezielle «Frauenkorps», die zumeist im administrativen oder pädagogischen Bereich aktiv waren. Seitdem sind fast alle Einheiten auch mit Frauen besetzt. Darüber hinaus gibt es zum Beispiel die NACHAL-Truppen (Akronym von «Pioniere, kämpfende Jugend»), die eine wichtige Rolle in der Zivilgesellschaft spielen. Als Teil des Militärdienstes bauten sie in Randregionen des Landes landwirtschaftliche Siedlungen auf, die zu neuen Kibbuzim oder Moschawim wurden. Hier erfüllte sich auch das vorstaatliche zionistische Ethos von Siedlung und Sicherheit. Die Armee trägt überdies zu Israels Nimbus als «start-up nation» bei: Das Land verfügt über die höchste Zahl an Start-ups in der Welt und gilt als globales Innovationszentrum im Bereich High-Tech. Dan Senor und Saul Singer zufolge fördert der Militärdienst unter jungen Israelis die Risikobereitschaft, Teamfähigkeit und den Willen, nach Problemlösungen zu suchen.

Eine wichtige Mission zur gesellschaftlichen Integration hat das Militär mit der gemeinsamen Trauer um die gefallenen Soldaten übernommen, denen ein jährlicher Gedenktag gewidmet ist, der am Vortag der israelischen Unabhängigkeitsfeiern begangen wird. 1998 wurde der Rahmen des Gedenktages erweitert, um die Opfer von Terroranschlägen ins Gedächtnis einzubeziehen. Damit verschwimmen die Grenzen zwischen Zivilgesellschaft und Militär. In den Medien werden auch Angriffe von Hamas oder Hisbollah auf israelische Militärposten als Terroraktionen bezeichnet. Die Soldaten sind für die meisten Israelis eigentlich Zivilisten – Kinder, Geschwister, Ehemänner und Väter –, und die Zivilgesellschaft ist Teil des israelischen Kampfes gegen die Feinde des Landes. Seit dem Libanonkrieg und noch mehr seit der Ersten Intifada wird das Post-Trauma durch Kunst und verschiedene Aktionen thematisiert. Ein Beispiel dafür ist die Aktivität der 2004 gegründete NGO «Breaking the Silence», die den Stimmen israelischer Soldaten über ihre Rolle als Besatzer und Täter in Operationen gegen palästinensische Zivilisten eine Bühne bietet. Politisch plädiert sie für das Ende der Besatzung.

Ein weiteres Beispiel sind die Arbeiten von Adi Nes, der mit seinen Photographien versucht, zionistische Mythen zu dekonstruieren. Auf einem dieser Fotos inszeniert er das Tintenflaggen-Bild von Eilat 1949, nur dass darauf jetzt der blanke, leere Mast, ohne Fahne an seiner Spitze, in den Himmel ragt. Hier wird die legendäre Bedeutung des Originalbildes konterkariert: Die fehlende Flagge verleiht dem Bild seine Absurdität und eine neue, homoerotische Bedeutung, da der nackte Mast zu einem phallischen Symbol gerät. Damit stellt Nes das zionistische Siegernarrativ und die heroische Männlichkeit der Armee infrage.

Solche Stimmen sind nur natürlich in einer Gesellschaft, die von Anfang an mit einem militärischen Konflikt lebt. Ganz besonders einflussreich ist die Armee im Bereich der Politik. Nach einer «Abkühlungszeit» von drei Jahren dürfen Ex-Offiziere ins Parlament gewählt werden und tatsächlich ist ihre Präsenz hier beträchtlich. In der Geschichte Israels gingen mehr als 65 Offiziere im Range eines Oberst und darüber in die Politik und be-

Das berühmte Tintenflaggen-Foto von 1949 (siehe S. 38), aber ohne die Flagge: Farbfoto des Künstlers Adi Nes, 1998

setzten Schlüsselpositionen. Zwei Drittel der Oberbefehlshaber waren auch als Politiker tätig und zwei von ihnen (Yitzhak Rabin und Ehud Barak) brachten es zum Premierminister. Das spiegelt die Einstellung der Bevölkerung ihrer Armee gegenüber wider. Nach dem «Israel-Democracy-Index» des «Israel Democracy Institute» für das Jahr 2019 ist die Armee die offizielle Institution, die das meiste Vertrauen erhielt: 90 Prozent der jüdischen Israelis votierten für Zahal, während nur 30 Prozent Vertrauen in das Parlament und das Kabinett hatten. 55 Prozent der Israelis halten die israelische Demokratie für ernsthaft gefährdet.

Das Oslo-Abkommen

Die Intifada beruhigte sich mit den Jahren, bis sie mit dem Beginn des Oslo-Friedensprozesses 1993 endgültig verebbte. Schon nach den ersten Monaten der Unruhen zeigte sich Arafat moderater in seinen Aussagen gegenüber Israel. Es schien, als ob die PLO die schwierige Situation der Palästinenser auf dem Weg der Diplomatie lösen wolle und zu Kompromissen bei direkten Verhandlungen mit Israel bereit wäre. Der damalige Premierminister Yitzhak Shamir, ein Falke, war dagegen eher zögerlich. Neue Möglichkeiten für die Region brachte der Golfkrieg: Nachdem Saddam Hussein 1991 Kuwait überfallen hatte, griff die «Koalition» unter Führung der USA den Irak an. Als Reaktion ließ Hussein Scud-Raketen auf Israel abfeuern. Obwohl der Schaden in Israel gering war, hatten die Angriffe große psychologische Effekte auf die israelische Gesellschaft, da man Angst davor hatte, von Saddam Hussein mit unkonventionellen Waffen angegriffen zu werden. Vor allem die Furcht vor chemischen Waffen weckte kollektive Erinnerungen an den Holocaust. Israels Entscheidung, auf die irakischen Angriffe nicht zu reagieren und sich auf die Macht der USA zu verlassen, erwies sich nach dem Krieg als richtig. Im Gegensatz dazu hatte die PLO Saddam Hussein unterstützt, sodass sich die Palästinenser nach dem Krieg im Kreis der Verlierer fanden, ohne Unterstützung der Golfstaaten, die aufseiten der USA waren.

Der amerikanische Präsident George W. Bush nutzte die schwache Position der PLO und die finanzielle Abhängigkeit Israels von den USA, um beide Seiten an den Verhandlungstisch zu drängen. Am 30. Oktober 1991 trafen sich die Repräsentanten aller Staaten der Region in Madrid unter der Leitung von Bush und dem Führer der zerfallenden Sowjetunion Michail Gorbatschow. Zum ersten Mal war auch eine kleine Abordnung der Palästinenser dabei, die als Teil der jordanischen Delegation auftrat.

Doch ein Durchbruch bei den Verhandlungen glückte erst über inoffizielle Kanäle in Form geheimer Kontakte zwischen Israel und den Palästinensern in der norwegischen Hauptstadt Oslo. Am 13. September 1993 wurde schließlich auf dem Rasen vor dem Weißen Haus in Anwesenheit von US-Präsident Bill Clinton das Oslo-Abkommen zwischen Yitzhak Rabin und Jassir Arafat unterschrieben. Danach akzeptierte Israel die PLO als offizielle Vertretung der Palästinenser, während diese auf alle Auslöschungsmantras in ihrer Charta verzichtete. Sie erhielt schließlich 1994 Jericho und einen Gutteil des Gazastreifens als autonome Gebiete. 1995 wurde im Vertrag Oslo II die von Palästinensern dicht besiedelte Westbank in drei Zonen unterteilt: Zone A, die heute 18 Prozent des Westjordanlandes bildet, befand sich unter palästinensischer Autonomie; Zone B, 22 Prozent des Landes, unter gemeinsamer Verwaltung; und Zone C, 60 Prozent des Westjordanlandes und des Jordan-Tales, blieb unter israelischer Kontrolle (dort leben ca. 100000 bis 150000 Palästinenser, die 5 Prozent der palästinensischen Bevölkerung im Westjordanland ausmachten). Die Zukunft erschien vielversprechend, weshalb zwei Drittel der Israelis und ein ähnlicher Anteil von Palästinensern diesen Prozess unterstützten. 1994 wurde schließlich auch ein Friedensvertrag zwischen Israel und Jordanien unterschrieben.

Doch parallel zum Friedensprozess versuchten Extremisten aus allen Lagern, das fragile Abkommen zu sabotieren. Die Hamas und der Islamische Dschihad begannen mit einer Serie von Terroranschlägen und Selbstmordattentaten in Israel. Arafats Unfähigkeit und wahrscheinlich auch sein fehlender Wille, Abweichler von der Generallinie zu kontrollieren, zehrten an dem Vertrauen vieler Israelis in den Prozess. In einer Rede in Johannesburg im Mai 1994 verglich Arafat das Oslo-Abkommen mit dem Abkommen von Hudaybiyya: Im Jahr 628 schloss der Prophet Muhammad aus strategischen Gründen einen zehnjährigen Waffenstillstand mit dem arabischen Quraisch Stamm aus Mekka, den er zwei Jahre später brach, um Mekka zu erobern. Arafat rief damals auf, Jerusalem ungeachtet des Oslo-Abkommens zu befreien. Diese doppelbödige Handlungsweise trug nicht dazu bei, das Vertrauen Israels zu stärken.

Am 25. Februar kam es zu einem Anschlag von israelischer Seite, bei dem ein jüdischer Arzt aus einer Siedlung in Hebron 29 Palästinenser beim Gebet in der Patriarchenhöhle bzw. der

Abrahamsmoschee erschoss, was zu schweren Unruhen führte. In Israel wurde vonseiten der Falken Kritik an Rabin laut, woraus sich schließlich eine persönliche Hetzkampagne gegen ihn entwickelte. Im Oktober 1995 skandierte die aufgebrachte Menge bei einer Demonstration gegen das Oslo-Abkommen in Jerusalem, die von der rechten Likud-Partei und der Siedlerbewegung organisiert worden war: «Rabin ist ein Verräter» und «Tod für Rabin». Jugendliche verteilten retuschierte Fotos, die Rabin in SS-Uniform zeigten. Auf der Bühne vor den Massen standen zwei zukünftige Premierminister: Ariel Sharon und Benjamin Netanjahu. Einen Monat später, direkt nach einer Demonstration zur Unterstützung des Oslo-Friedensprozesses, wurde Rabin von einem jüdisch-religiösen, rechten Fundamentalisten ermordet. Im Rückblick erscheint diese Bluttat als die politisch folgenreichste Handlung eines israelischen Zivilisten in der Geschichte des Staates. Denn nach dem Schock und der Trauer und einer Übergangsregierung mit dem bisherigen Außenminister Schimon Peres wählte Israel 1996 die rechte Likud-Partei, und Benjamin Netanjahu wurde Premierminister. Unter der neuen Regierung verlor das Abkommen in den folgenden Jahren im gegenseitigen – israelisch-palästinensischen – Misstrauen an Bedeutung, bis es 2000 während der Zweiten Intifada endgültig scheiterte.

Anfang der 1990er-Jahre lancierte der 90-jährige «Rebbe» der chassidischen Strömung Chabad, Menachem Mendel Schneerson aus Brooklyn, eine messianische PR-Kampagne in Israel. Nach dem Golfkrieg, dem Zerfall der Sowjetunion und der jüdischen Migrationswelle aus den GUS-Ländern nach Israel waren seine Anhänger überzeugt, die messianische Zeit breche binnen kurzem an und ihr Rebbe selbst sei der Messias. Überall im Land wurden Sticker verteilt und Schilder aufgestellt mit der Botschaft: «Bereitet Euch auf das Kommen des Messias vor». Der religiöse Messianismus Chabads passte damals zu der politisch euphorischen Stimmung im Gefolge des Oslo-Friedensprozesses. Gleichzeitig schien es so, als ließe die Beruhigung im Konflikt mit den Arabern Raum für die inneren Diskrepanzen, die sich zwischen den verschiedenen Gruppierungen in der Gesellschaft verschärft hatten. Als Arje Deri, der Innenminister und Vorsitzende der ultraorthodoxen Misrachi-Partei SHAS, wegen Korruption vor Gericht stand und zu einer Gefängnisstrafe verurteilt wurde, beschuldigten seine Anhänger die Aschkenasi-Elite des Rassismus. Gleichzeitig verlangten Ultraorthodoxe, bestimmte Straßen in Jerusalem am Schabbat zu sperren, was zu Spannungen mit der Regierung, aber auch mit den säkularen Einwohnern Jerusalems führte. 1999 demonstrierten 350000 Charedim in Jerusalem gegen die Entscheidung des Höchstgerichts, das den Status quo in den Beziehungen zwischen Religion und Staat abgeändert hatte, unter anderem gegen die verpflichtende Rekrutierung charedischer Männer für die Armee. Doch im Jahr 2000 klangen mit der Zweiten Intifada und der «Fortsetzung» des israelisch-palästinensischen Konfliktes diese inneren Auseinandersetzungen ab, obwohl die Probleme, die im Zentrum der Spannungen standen, nicht gelöst waren. Der Mord an Rabin 1995 war auch eine Gewalttat wider die Hoffnungen des israelischen Friedenslagers auf eine Beilegung des Konflikts mit den Palästinensern gewesen. Nur die Lubawitscher Chassidim hatten ihre Zuversicht nicht verloren: Seit dem Tod ihres «Messias-Rebbe» 1994 warten sie auf seine Wiederkunft.

VI. Gemeinsam und getrennt: Araber und Juden in Israel seit dem Jahr 2000

Im Sommer 2018 wurde im israelischen Parlament das sogenannte Nationalstaatsgesetz beschlossen. Dieses Grundgesetz erklärt den Staat Israel zur «nationalen Heimat» des jüdischen Volkes. Es ging darum, 70 Jahre nach der Gründung den Status als jüdischer Staat mit verbürgten gleichen Rechten für alle Bewohner – wie es in der Unabhängigkeitserklärung steht – zu regeln. Israel hat bis heute keine Verfassung und das Ziel solcher Grundgesetze besteht darin, die vorläufig zu ersetzen. Der Beschluss löste eine Kontroverse aus, in deren Zentrum die Kritik am Verlust der expliziten und impliziten Minderheitenrechte und der Gleichheit aller vor dem Gesetz stand. Den Kritikern ging es vor allem um zwei Abschnitte: Der eine stuft die Stellung der arabischen Sprache von einer offiziellen Staatssprache zu einer mit lediglich «besonderem Status» herab. Und der zweite findet sich im siebten Absatz des Gesetzes, in dem zu lesen ist: «Der Staat sieht die Entwicklung der jüdischen Besiedlung als einen nationalen Wert an und wird aktiv sein in ihrer Erschließung und Förderung.» Diese Regel kann so interpretiert werden, dass jüdische Dörfer und Siedlungen in Israel von nun an die Aufnahme nichtjüdischer Mitglieder verweigern dürfen und damit die ethnisch-religiöse Zugehörigkeit den Vorzug erhält vor dem Prinzip der demokratischen Gleichberechtigung.

Nach der parlamentarischen Billigung gab es eine Protestwelle von linken wie rechten Politikern, von Sprachwissenschaftlern, israelischen Arabern und Vertretern der arabischsprechenden drusischen Minderheit gegen dieses neue Grundgesetz. Der ehemalige Knesset-Abgeordnete und Sohn Menachem Begins, Zeev Benjamin Begin, äußerte sich mit folgenden Worten: «Das Privileg, Teil der jüdischen Mehrheit in unserem alten Land zu sein, betont auch eine Pflicht – die Pflicht der Mehrheit, der Minderheit konsequent und beständig die Hand zu reichen und ungeachtet aller Hindernisse an der Gleichberechtigung aller israelischen Staatsbürger zu arbeiten.»

Das Bedürfnis, unsichtbare Grenzen zwischen der jüdischen und der arabischen Bevölkerung zu ziehen, ist aus der langjährigen politischen Situation entstanden, in der es keine sichtbaren Grenzen zwischen Israelis und Palästinensern gab. Seit dem Scheitern des Oslo-Prozesses bemühte sich Israel zwar um diese klare Trennung, schafft aber gleichzeitig durch seine aktive Siedlungspolitik Verhältnisse, die eine Zweistaatenlösung de facto nicht mehr zulassen. Diese Zerrissenheit auf der israelischen Seite führte dazu, dass seit dem Jahr 2000 kaum mehr ernsthafte diplomatische und politische Lösungsversuche unternommen wurden, was das Verhältnis zwischen Israelis und Palästinensern angeht. Es herrscht das Gefühl einer sich dahinschleppenden Gegenwart ohne jedes politische Ziel. Und tatsächlich passierte in den letzten zwanzig Jahren wenig, was die Lage verändert hätte. Die amtierenden rechten «Falken» schwören darauf, den Konflikt zu managen, statt zu befrieden, nach dem Motto von Zeev Jabotinskys einflussreichem Essay von 1923: «Der einzige Weg für uns zu einer Übereinkunft in der Zukunft besteht in dem absoluten Verzicht auf irgendwelche Versuche, eine Übereinkunft in der Gegenwart zu erzielen.» Die schwindende Partei der linken «Tauben», die nach den Wahlen im März 2020 gerade noch 7 Sitze (von 120) in der Knesset erreichte, ist ratlos und findet keinen Weg zurück zum politischen Diskurs.

Zwei der bedeutsamsten und erfolgreichsten israelischen Romane, die seit dem Millennium in Israel erschienen sind, spiegeln den inneren Druck ihrer durchweg linken Autoren wider, die aktuelle Realität möglichst außen vor zu lassen. Amos Oz kehrt in seinem Roman *Eine Geschichte von Liebe und Finsternis* (2002) in die private Sphäre seiner Kindheit im Jerusalem der 1940er-Jahre zurück. David Grossmans *Eine Frau flieht vor einer Nachricht* (2008) beschäftigt sich mit dem Versuch des Einzelnen, sich vor dem unentrinnbaren Schicksal der Ohnmacht und der Trauer zu schützen. Ora, die Heldin der Geschichte, flieht von zu Hause, um der möglichen Nachricht zu entkommen, ihr Sohn sei als Soldat in einer Militäraktion getötet worden. Auch hier spielt sich die eigentliche Auseinandersetzung im Inneren und Persönlichen ab. Das Buch erhielt tragische Relevanz, denn kurz vor Abschluss des Manuskriptes starb Grossmans jüngerer Sohn Uri tatsächlich in den letzten Stunden des zweiten Libanonkrieges im August 2006.

Das Nationalstaatsgesetz von 2018 schließt nicht nur die arabischen Staatsbürger aus, es delegitimiert auch die inklusive Ideologie der israelischen linken «Tauben». In diesem Sinn spiegelt das neue Gesetz die Realität Israels nach zwölf Jahren unter der Regierung Netanjahus wider, in denen sich der politische Diskurs den wichtigsten existenziellen Fragen Israels verweigert hat. Statt der Suche nach Lösungen konzentriert er sich auf die bloße Verwaltung des Konfliktes.

1. Die Zweite Intifada

Im Mai 1999 gewann Ehud Barak an der Spitze der Arbeiterpartei die Wahl in Israel. Barak, der zwischen 1991 und 1994 Generalstabschef gewesen war, trägt den inoffiziellen Titel «des am höchsten ausgezeichneten Soldaten in Israel». Als Anführer von Elitekommandos und Teilnehmer zahlreicher Militäreinsätze auch jenseits der Grenzen war Barak keine klassische «Taube». Im Juli lud der amerikanische Präsident Bill Clinton Barak und Arafat nach Camp David ein, einen symbolischen Ort, an dem die erfolgreichen Friedensverhandlungen zwischen Israel und Ägypten stattgefunden hatten. Doch jetzt war die Begegnung von einer auf beiden Seiten stark angewachsenen Unversöhnlichkeit geprägt. Arafat erkannte die von Israel angebotenen Kompromisse nicht an und verlangte neben dem Rückkehrrecht palästinensischer Flüchtlinge von 1948 nach Israel größere territoriale Zugeständnisse, als Barak akzeptieren konnte. Von palästinensischer Seite wurde die vorgeschlagene Lösung als erniedrigend empfunden, während in der israelischen Delegation der Eindruck entstand, den der ehemalige Außenminister Shlomo Ben Ami so zusammenfasste: «Mehr als dass die Palästinenser eine Lösung wollen, beabsichtigten sie, Israel auf die Anklagebank zu setzen».

Nach dem Scheitern der Gespräche flammten im Oktober 2000 Proteste auf, die heute als Beginn der Al Aqsa- oder Zweiten Intifada bekannt sind. Auslöser war ein 24 Minuten dauernder Besuch des Vorsitzenden der Likud-Partei Ariel Sharon am 28. September 2000 im Bereich der Al Aqsa-Moschee. Der Aufruhr verbreitete sich schnell über das ganze Westjordanland und den Gazastreifen. Anders als bei früheren Protesten beteiligten sich jetzt auch palästinensische Milizen, die Schusswaffen besaßen. Ein weiterer Unterschied bestand darin, dass sich israelische Araber – Palästinenser, die während des Unabhängigkeitskrieges 1948 nicht geflohen oder vertrieben worden waren und die nach der Gründung des Staates die israelische Staatsbürgerschaft erhalten hatten – am gewalttätigen Aufstand beteiligten. 2020 bilden sie 21 Prozent der Bevölkerung, und ihre (israelisch-palästinensische) politische Vertretung ist die drittgrößte Partei im israelischen Parlament. Im Oktober 2000 entlud sich ihre Verbitterung über mehr als 50 Jahre Diskriminierung und Vernachlässigung vonseiten der jüdischen Mehrheit. Ihre komplexe Identität war Folge ihrer inneren Zerrissenheit zwischen Israel und Palästina, und nach dem Scheitern des Oslo-Prozesses wuchs die anti-israelische Stimmung in der arabischen Gesellschaft. Der Philosoph und damalige Knessetabgeordnete Asmi Bischara drückte die Gefühle der israelischen Araber aus, als er schrieb, dass die «Brutalität der Polizei während der Oktoberereignisse 2000 Israels Wahrnehmung der [israelischen] Araber in Notzeiten nicht einmal als Bürger zweiten Grades widerspiegelte, sondern schlicht als Feinde». Während der Unruhen wurden 13 von ihnen getötet und 100 verletzt. Bischara selbst spielte wenige Jahre später eine ambivalente Rolle, als er 2007 aus Israel floh, da er unter Verdacht stand, brisante Informationen an die Hisbollah weitergegeben zu haben. Seitdem ist er nicht mehr nach Israel zurückgekehrt. Die Ereignisse vom Herbst 2000 haben einen tiefen Bruch zwischen den jüdischen und den arabischen Israelis hinterlassen, der viele Jahre danach noch immer nicht geheilt ist.

Die Zweite Intifada war vor allem durch die Präsenz der Ereignisse in den Medien und ihrer Instrumentalisierung gekennzeichnet. Am 30. September 2000 wurde eine kurze Filmsequenz eines französischen Senders gezeigt, die das Sterben eines palästinensischen Jungen in den Armen seines Vaters zeigte. Dem französischen Journalisten zufolge war der zwölfjährige Muhammad Al-Durra zufällig in ein Kreuzfeuer geraten und von israelischen Soldaten erschossen worden. Obwohl bis heute nicht geklärt ist, ob Al-Durra durch israelische oder palästinensische Gewehrkugeln starb oder das Drama bloße Inszenierung war, wurde er in palästinensischen Augen zum Symbol der Revolte und der israelischen Grausamkeit.

Wenig später, am 12. Oktober 2000 wurden zwei israelische Reservesoldaten, die sich in Ramallah verirrt hatten, von einer aufgehetzten Menge gelyncht. Bilder von Palästinensern, die ihre blutigen Hände während der Tat aus dem Fenster einer

PLO-Polizeistation streckten, erschütterten die israelische Öffentlichkeit, die strenge Maßnahmen gegen die PLO und die palästinensische Bevölkerung forderte. Damals begann Israel mit gezielten Tötungen, bei denen wichtige Hamas- und PLO-Kämpfer von Hubschraubern oder Drohnen aus liquidiert wurden. Diese Angriffe sollten sich gegen all jene richten, die unmittelbar in Terroraktionen gegen Israel verwickelt waren und deren Aktivitäten eine direkte Gefahr für israelische Staatsbürger darstellten. Darüber hinaus sollten die Tötungen palästinensische Kämpfer abschrecken, die Terroroperationen planten. Die Tatsache, dass es sich hier um präventive Hinrichtungen ohne gerichtliches Urteil handelte, machte die Strategie umstritten, auch weil zu Beginn die Zahl der Zivilisten, die dabei ums Leben kamen, hoch war. Umgekehrt wurde im Oktober 2001 der israelische Tourismus-Minister Rechavam Zeevi von Anhängern der «Volksfront zur Befreiung Palästinas» in Jerusalem ermordet. Das Programm seiner Partei «Moledet» (Heimat) empfahl, den Konflikt durch einen freiwilligen Transfer der palästinensischen Bevölkerung in die Nachbarländer zu lösen.

Aber das Phänomen, das die Zweite Intifada vor allem prägte, war das der palästinensischen Selbstmordattentäter: Männer und Frauen (manchmal Minderjährige), die hauptsächlich von der Hamas oder dem Islamischen Dschihad dazu gebracht wurden, möglichst viele israelische Zivilisten oder Soldaten mit in den Tod zu reißen. Obwohl solche Aktionen schon in den 1990er-Jahren mit dem Ziel begonnen hatten, den Oslo-Prozess zu sabotieren, erreichten sie ihren Höhepunkt in den Jahren 2001 bis 2003 während der Zweiten Intifada. Im Jahr 2002 wurden 225 Israelis bei 47 solcher Terrorakte ermordet. Gezielt nutzten palästinensische Organisationen die Verzweiflung Einzelner, ihren religiösen Glauben und ihre Wut auf Israel, um sie mit Versprechungen – etwa auf sexuelle Belohnung im Jenseits oder materielle Entschädigung für ihre Familien – zu Selbstmord und Mord anzustiften. Die Profile und Hintergründe der Selbstmordattentäter erwiesen sich je nach Alter, Geschlecht und Ausbildung (30 Prozent von ihnen hatten einen Hochschulabschluss) als sehr unterschiedlich, aber sie wurden als homogene Gruppe wahrgenommen – von jeder der Konfliktparteien auf ihre Weise, wie der britische Historiker Colin Shindler bemerkte: «Für die Palästinenser – sogar für die, die gegen die Islamisten und die Selbstmordattentate waren – blieben diese Menschen heroische Märtyrer, die sich für die Befreiung Palästinas geopfert hatten. Für die Israelis waren sie unmenschliche Terroristen, die willkürlich und unlogisch mordeten.»

2005 zog sich Israel ohne vorherige Absprache mit den Palästinensern aus dem Gazastreifen zurück. Die Ankündigung des damaligen Premierministers Ariel Sharon überraschte das politische System auf der Rechten wie auf der Linken. Die Entscheidung kam als Reaktion auf die 2003 begonnene Genfer Initiative des linken israelischen Politikers Yossi Beilin und des palästinensischen Politikers Jassir Abed Rabbo, die eine Zweistaatenlösung auf der Basis der Grenzen von 1949 befürwortete. Jerusalem sollte geteilt und die Hauptstadt beider Staaten werden. Die Angst vor diesem Plan, der eine Zusammenarbeit mit den schwachen und unentschiedenen palästinensischen Autoritäten nötig gemacht hätte, und die Erkenntnis, dass die Besatzung als Dauersituation für Israel gefährlich sei, veranlassten Sharon zu dieser einseitigen Aktion. Diese Entscheidung hatte auch die Trennung Sharons von der Likud-Partei und die Gründung der neuen, in der politischen Mitte angesiedelten Partei Kadima zur Folge. Gleichzeitig war Sharon im Gegensatz zu Beilin nicht bereit, mit den Palästinensern zu verhandeln, solange diese ihre Terroraktionen nicht stoppten. Der Rückzug sollte den amerikanischen Präsidenten George W. Bush ebenso zufriedenstellen wie das israelische Friedenscamp, das darin einen ersten Schritt in Richtung Genfer Initiative sah. Im September 2005 siedelte die Regierung alle jüdischen Bewohner des Gazastreifens – gegen ihren Willen, bei heftigem emotionalem Protest, aber weitgehend gewaltfrei – in israelisches Gebiet um. In Gaza begannen nun grausame Kämpfe zwischen der PLO und der Hamas mit der Folge, dass Letztere 2007 die Macht übernahm, während die PLO stärkste Kraft im Westjordanland blieb. Seitdem herrscht im Gazastreifen das religiös-fundamentalistische Terrorregime der Hamas, das palästinensische

Staatsbürger als Geisel, Schild und Waffe im heiligen Kampf gegen Israel benutzt und einen großen Teil der internationalen Subventionen einer kleinen Führungselite zukommen lässt.

Für Sharon war das territoriale Zugeständnis an keinerlei größeren Friedensplan gebunden: Kurz nach der Evakuierung der 9000 Siedler aus dem Gazastreifen zogen 12 000 neue Siedler in die Westbank. Letztlich war es einfacher, auf den Gazastreifen zu verzichten und damit auf das biblische Land der Philister, als auf das Westjordanland, wo sich die biblischen Reiche Juda und Israel erstreckt hatten und das als Schauplatz zahlreicher biblischer Geschichten eine wichtige jüdische Erinnerungslandschaft ist.

Im Januar 2006 fiel Ariel Sharon nach einem Schlaganfall ins Koma, und sein Stellvertreter Ehud Olmert folgte ihm im Amt des Premierministers. Olmert gewann die darauffolgende Wahl und setzte den Weg der territorialen Zugeständnisse an die Palästinenser fort. In einer Rede nach dem Wahlsieg erklärte er seine Gründe: «Auch wenn das jüdische Auge weint, und trotz unseres gebrochenen Herzens, [...] brauchen wir eine stabile und feste jüdische Mehrheit in unserem Staat». Um diese Mehrheit zu bewahren, sollte Israel auf die Besatzung verzichten. 2007 wurden die Gespräche zwischen Olmert und dem Nachfolger des 2004 in Paris verstorbenen Arafat, Mahmoud Abbas, unter der Leitung George W. Bushs in Annapolis wieder aufgenommen. Dort bot Olmert Abbas den vollständigen Rückzug aus dem Westjordanland an. Israel sollte 6,3 bis 6,5 Prozent des Westjordanlandes mit den größten jüdischen Siedlungen erhalten, und die Palästinenser würden mit bis zu 5,8 Prozent israelischem Gebiet dafür entschädigt werden. Jerusalem sollte zwischen beiden Völkern aufgeteilt werden. Abbas war nicht bereit, mehr als 1,9 Prozent des Westjordanlandes abzutreten, und so brachen die Gespräche ab.

2. Palästinenser und Siedler im Westjordanland

Die Selbstmordattentate während der Zweiten Intifada belasteten den Alltag und die Wirtschaft in Israel schwer. Der Tourismus ging radikal zurück und die Bevölkerung war zutiefst verunsichert. Da die Attentäter kaum vorab identifizierbar waren, ließen sich Terroraktionen nicht verhindern. Die israelische Gegenstrategie bestand insbesondere aus zwei Maßnahmen: Einerseits wurden Familien von Attentätern mit der Zerstörung ihrer Häuser bestraft, um zukünftige Täter abzuschrecken, auf der anderen Seite wurde der Bau einer Sperranlage begonnen, eines acht Meter hohen Metallzaunes beziehungsweise einer Betonmauer, die Israel vom Westjordanland trennt. Die Errichtung begann 2002 und ist immer noch im Gange (bis 2017 wurden 65 Prozent der Sperranlage fertiggestellt). Es handelt sich um das teuerste Projekt in der Geschichte Israels (mehr als drei Milliarden Dollar bis 2020). Darüber hinaus verlaufen 85 Prozent der 708 Kilometer langen Strecke jenseits der «Grünen Linie» – das bedeutet innerhalb der Gebiete, die 1967 von Israel besetzt wurden. Wenn die Absperrung nach Plan vollendet ist, wird sie 9,4 Prozent des palästinensischen Territoriums auf israelische Seite gebracht haben. Bei ihrer Planung war das Hauptkriterium, neben der Abwehr von Terroraktionen, so viele jüdische Siedlungen wie möglich im Westjordanland auf der israelischen Seite einzuzäunen. So führt sie manchmal quer durch palästinensische Dörfer und Städte und teilt diese ohne Rücksicht auf das Leben, das dahinter stattfindet. Viele Palästinenser wurden durch die Sperranlage von ihren Feldern, Arbeitsplätzen und Schulen abgeschnitten; sie belastet als künstliche Grenze auch die Flora und Fauna der Region. Dem steht das Argument gegenüber, dass die Sperranlage funktioniert, da das Phänomen der Selbstmordattentate seit 2005 fast gänzlich verschwunden ist.

Dieser Umstand geht aber auch auf andere Aktionen zurück, wie etwa die «Operation Schutzschild» vom März 2002: Damals nahm die israelische Armee palästinensische Städte ein und zerstörte die Infrastruktur der Terrororganisationen. Eine andere mögliche Begründung könnte die Entscheidung der Hamas gewesen sein, angesichts der israelischen Rückzugspläne aus dem Gazastreifen vorübergehend auf Gewalt zu verzichten und sich auf den inneren Kampf gegen die PLO zu konzentrieren. Was die Sperranlage betrifft, so schafft sie zweifellos eine Trennung, die zu einer dichotomischen Weltanschauung auf beiden Seiten beiträgt, ein «Wir» gegen ein «Sie». Auf israelischer Seite befinden sich in der Nähe der Sperranlage vor allem Siedler-Gemeinden, deren Ursprung in den Initiativen von Gush Emunim in den 1970er-Jahren liegt. In den 1980er-Jahren folgten dem religiös-ideologisch motivierten Kern der Siedler aber auch viele, die auf der Suche nach geringeren Wohnkosten ins Westjordanland und den Gazastreifen zogen. Preiswerte Grundstücke, staatliche Förderungen und die vergleichsweise günstige Arbeitskraft der lokalen palästinensischen Bevölkerung machten die Siedlerbewegung auch für israelische Unternehmer attraktiv.

Im heutigen Westjordanland gibt es einen klaren sozialen, wirtschaftlichen und legalen Unterschied zwischen den Siedlern, die israelische Staatsbürger sind, und den staatenlosen Palästinensern, die unter israelischer Militärgesetzgebung stehen. Da Israel verpflichtet ist, für die Sicherheit seiner Staatsbürger zu sorgen, werden beträchtliche Teile des Staatshaushalts diesem Zweck gewidmet. Nach einem Bericht des israelischen «Macro-Center-for-Political-Economics» investierte das Land 2014 etwa 57,7 Millionen Euro in die Sicherheit der Siedlungen und jährlich ca. 112 Millionen Euro in die verschiedenen Gemeinden selbst. Damit investierte die Regierung pro Person im Westjordanland im Vergleich zum nationalen Durchschnitt 64,8 Prozent mehr und fast das Doppelte verglichen mit Bürgern Tel Avivs oder Jerusalems. So werden zum Beispiel Umgehungstraßen um palästinensische Städte und Dörfer für Israelis gebaut, die nur von diesen benutzt werden dürfen. Die Friedensaktivistin Sumaya Farhat-Naser beschrieb es 2006 so: «In Palästina dürfen Privatautos nur in der eigenen Stadt oder nur im Wohngebiet benutzt werden, nie jedoch zwischen den Dörfern. Einen anderen Ort zu erreichen, kostet viel Geld, Kraft und Zeit, weil Sperren und Verbote die Fortbewegung behindern.»

So kontrolliert Israel Lebenszeit und Raum von Palästinensern durch Gesetze, Regeln und Checkpoints, die nicht für jüdische Siedler gelten. 2019 bildeten die 427 800 Siedler, die in 132 anerkannten Siedlungen und 121 illegalen Außenposten leben, nur 5 Prozent der israelischen Bevölkerung und 14 Prozent der Bewohner des Westjordanlandes. Dabei verfügen diese Gemeinden über 42 Prozent des Bodens.

Der hohe Stellenwert der Siedlerbewegung in der israelischen Gesellschaft verdankt sich der Unterstützung durch die Politik und der Akzeptanz vonseiten der öffentlichen Meinung. Obwohl Gush Emunim seit seiner Gründung in den 1970er-Jahren eine außerparlamentarische Organisation blieb, nahm mit den Jahren ihr Einfluss auf die israelische Politik und Gesellschaft zu. Heute wird ihre Ideologie von wichtigen Politikern vertreten, säkularen wie religiösen, die zum Teil selbst in Siedlungen leben. Stark vertreten ist die Siedlergesellschaft auch in der Armee. 2014 waren 16 Prozent der Absolventen der Kurse für Kompaniechefs Siedler, viermal mehr als ihr Anteil in der Gesellschaft.

In der stagnierenden politischen Situation der Region verkörpert die Siedlerbewegung und ihre Ideologie eine der größten Herausforderungen für die israelische Gesellschaft, die vor einem Dilemma steht: Israel wird nicht jüdisch bleiben können, wenn die Gebiete annektiert sind und die Palästinenser Bürgerrechte bekommen, und es wird nicht demokratisch bleiben, wenn die Palästinenser in dieser Situation keine Rechte erhalten würden. Die einzige Option, um als demokratisch-jüdischer Staat zu überleben, dürfte der Rückzug aus den palästinensischen Gebieten sein, doch darin liegt inzwischen die Gefahr einer schwer überbrückbaren Spaltung innerhalb der jüdischen Gesellschaft. Darüber hinaus scheint eine Zweistaatenlösung auch undenkbar zu sein, da beide Gesellschaften – Israelis und Palästinenser – bereits zu sehr ineinander verflochten und voneinander abhängig sind. So steckt Israel in einer Lage, die seine Position in der Region sowie sein politisches System lähmen.

Diese Situation der Ausweglosigkeit charakterisiert die zentralen Ereignisse im Land seit dem Rückzug aus dem Gazastreifen 2005. Seit damals wurden immer wieder größere und kleinere

Militäraktionen gegen die Hamas in Gaza oder die Hisbollah im Libanon durchgeführt – beide werden vom Iran unterstützt –, die jedoch zu keinen politischen Fortschritten führten. Diese militärischen Aktionen folgten in der Regel auf Attacken oder Provokationen durch die Hamas und deren Splitterorganisation Islamischer Dschihad, die regelmäßig Raketen aus dem Gazastreifen auf die israelischen Städte und Dörfer der Umgebung abfeuern und damit das Leben im Süden Israels zum Stillstand bringen. Darauf folgende israelische Operationen in Gaza mit Namen wie «Gegossenes Blei» (2008 bis 2009), «Wolkensäule» (2012) oder «Protective Edge» (2014) hatten meist eine «Schreckensbilanz» auf beiden Seiten zur Folge. Da die beiden palästinensischen Organisationen ihre Raketen aus dichtbevölkerten Gebieten abfeuern und dabei die Staatsbürger Gazas als menschliche Schutzschilde benutzen, sind der israelischen Armee die Hände gebunden. Israel reagiert deshalb meist mit kollektiven Strafen, etwa in Bezug auf die Stromversorgung in Gaza oder durch Reduktion der Fischfangzonen. Im Libanon rüstete die schiitisch-fundamentalistische Hisbollah seit dem zweiten Libanonkrieg auf und bereitete sich auf einen zukünftigen Konflikt vor. Dieser Krieg begann im Sommer 2006 nach einem Angriff der Hisbollah an der nördlichen Grenze Israels, dem eine israelische Offensive folgte. Die israelische Armee zerstörte daraufhin zwar einen Teil der Infrastruktur der Hisbollah im Libanon, konnte aber keinen eindeutigen Sieg verbuchen. Seit damals versuchen die Verantwortlichen in Tel Aviv und Jerusalem, Waffenlieferungen an die Hisbollah zu blockieren, die über Syrien aus dem Iran kommen. Die iranische Regierung hat wiederholt und öffentlich gedroht, Israel zu vernichten. Seit Beginn der Netanjahu-Ära 2009 versucht Israel, den Konflikt durch punktuelle und kontrollierte Militäreinsätze zu «managen», die sich auf hochentwickelte Technologien der Nachrichtendienste stützen. Der offizielle Name dieser Aktionen – «der Krieg zwischen den Kriegen» – reflektiert eine fatalistische Perspektive: Man befindet sich in einer permanenten Kriegssituation, die bis zum nächsten Krieg währt und den diese schon vorhersieht.

3. Kooperation statt Konfrontation

Der israelische Intellektuelle und ehemalige Vizebürgermeister von Jerusalem Meron Benvenisti veröffentlichte 1982 seine «Theorie der Irreversibilität», die damals großen Einfluss auf die internationale Wahrnehmung des Konflikts im Nahen Osten hatte. Für ihn stand die Uhr in den besetzten Gebieten damals schon auf «fünf Minuten vor Mitternacht». Erreichte die Zahl der Siedler im Westjordanland einmal die Zahl 100 000, so Benvenisti, würden die israelische und die palästinensische Gesellschaft bereits zu sehr ineinander verflochten und die gegenseitige wirtschaftliche und geographische Abhängigkeit so komplex sein, dass eine Trennung voneinander für beide Völker eine Katastrophe bedeuten könnte. Ihm zufolge brachte der Sechstagekrieg 1967 keinen Wendepunkt, sondern eine Fortsetzung der Situation vor 1948, in der Juden und Araber als zwei Gemeinden in einem Land gelebt hatten und der Krieg zwischen beiden Seiten ein Kampf zwischen Hirten und Bauern um Territorien und Ressourcen war. Die Teilung des Landes 1948 führte ihm zufolge zu einer abnormalen Situation, die 19 Jahre andauerte, aber inzwischen nur mehr eine geringe Rolle in der Geschichte der Region spielt. Für Benvenisti ist das Land eine geopolitische und ökologische Einheit, die nicht, wie es die Sperranlage versucht, teilbar ist, ohne eine Katastrophe für Mensch und Natur zu verursachen. 1992 prognostizierte er, dass die Friedensverhandlungen mit den Palästinensern scheitern würden, da es dabei wieder um eine Teilung des Landes ging, die eine Art «Deus-ex-Machina-Lösung» darstelle und die wirklichen Hintergründe der Situation ignoriere. Für die Palästinenser würde ein solches Angebot nie akzeptabel sein, da es sie vom Großteil ihres Landes verbannte. Gleichzeitig wandte sich Benvenisti auch gegen die Position der Palästinenser, die behaupteten, der Zionismus sei ein ähnlicher Fremdkörper im Land wie die Kreuzfahrer im Mittelalter: Alle im Land geborenen Juden seien ebenso Einheimische wie die Palästinenser. Seiner Meinung nach bleibt einzig und allein eine binationale Lösung realistisch, nach der beide Völker lernen müssen, auf bestmögliche Weise miteinander in einem Land zu leben und gemeinsam dessen Ressourcen zu schützen.

Tatsächlich erfordern Fragen der Nachhaltigkeit und des Klimawandels die Kooperation aller, die in diesem kleinen Land leben, und bergen in sich reelle Chancen zur Versöhnung. Da alle Teile dieses kleinen Territoriums durch Flüsse, Seen, Meere, Wadis, Hügel und Sanddünen verbunden sind, spüren auch Israelis, was im Gazastreifen oder im Westjordanland passiert. Ein eindrückliches Beispiel dafür ist die Geschichte einer fatalen Kettenreaktion: Der Strom für Gaza stammt aus Israel und wird von den palästinensischen Autonomiebehörden im Westjordanland finanziert. Als Ergebnis der inneren Rivalität zwischen Hamas und PLO hat der Vorsitzende der PLO, Mahmoud Abbas, im Sommer 2017 entschieden, Israel den Strom für Gaza nicht mehr zu bezahlen. Daraufhin rationierte Israel seine Stromlieferungen in den Gazastreifen, weshalb der dortigen Bevölkerung nur noch für wenige Stunden am Tag Strom zur Verfügung stand. Bald reichte der Strom nicht mehr aus, um die Kläranlagen von Gaza in Gang zu halten, woraufhin täglich rund hundert Millionen Liter Abwässer ins Mittelmeer flossen. Diese verseuchten nicht nur die Strände von Gaza und beeinflussten die Fischerei an Gazas Küsten, sondern infizierten auch das Meerwasser vor den Städten im Süden Israels, sodass man dort gezwungen war, in der Hochsaison das Baden zu verbieten. Darüber hinaus musste die Wasserentsalzungsanlage der Stadt Ashkelon, die Trinkwasser für Konsum und Landwirtschaft liefert, stillgelegt werden. Noch dazu drohte die Wasserkrise im Gazastreifen auch die zentrale Grundwasserleitung zu verseuchen, die entlang der israelischen Mittelmeerküste verläuft. Will Israel eine ökologische Katastrophe für seine Bevölkerung vermeiden, muss die Regierung helfen, die Situation der palästinensischen Politik und Infrastruktur zu verbessern, was nur in Kooperation mit der PLO und der Hamas passieren kann. Wollen die verschiedenen politischen Fraktionen der Palästinenser eine Katastrophe für die Einwohner Gazas vermeiden, können sie dieses Ziel nur in Zusammenarbeit miteinander und mit Israel erreichen.

Das trifft auch für die Situation des Toten Meeres zu, das zunehmend schwindet und dessen Strände zu einem Gutteil wegen der Gefahr von Schlucklöchern gesperrt sind. Eine Lösung kann es nur in der Kooperation zwischen Israel, Jordanien und der palästinensischen Autonomiebehörde geben. Die Bedrohung, die die ausgebeutete und vernachlässigte Umwelt für alle Seiten darstellt, hat das Potential, die Kluft zwischen Juden und Arabern zu überbrücken. Auch die Eindämmung der COVID-19-Pandemie 2020 muss zwischen Israel, den Palästinensischen Autonomiebehörden und der Hamas koordiniert werden, da das Virus keine politischen Grenzen kennt.

Andere Hoffnungen auf eine Verständigungsbasis liegen in der zentralen Rolle von Emotionen in diesem Konflikt: auf beiden Seiten dominieren Angst, Wut, Hass und Trauer, die jedoch trotz aller Abgründe auch die Basis für eine mögliche Verständigung zwischen beiden Völkern bilden. Das beste Beispiel dafür ist die einträchtige israelisch-palästinensische Zeremonie, die am Gedenktag für die gefallenen israelischen Soldaten stattfindet und Angehörige von gefallenen Palästinensern einlädt. Diese Veranstaltung wurde 2006 von Israelis, die selbst bei Terroraktionen verletzt wurden oder Familienmitglieder im Konflikt verloren hatten, ins Leben gerufen. Während des Abends, der online live übertragen wird, sprechen Israelis und Palästinenser zusammen über ihre persönliche Trauer und ihren Verlust. Der 1923 in Deutschland geborene israelische Journalist, Politiker und Friedensaktivist Uri Avnery war 2013 bei dem binationalen Gedenkakt anwesend und berichtete über die Redner: «Sie sprachen über ihre erste Reaktion nach ihrem Verlust, die Gefühle von Hass, ihren Rachedurst. Und dann von dem langsamen Sinneswandel, vom Verständnis, dass etwa Eltern auf der anderen Seite, der Feind also, genauso fühlte wie sie, dass der Verlust ihrer Kinder, ihre Trauer, ihr Schmerz, genauso wehtat wie der eigene.» Der Erfolg dieser Initiative zeigt das Potential, das im unmittelbaren Kontakt zwischen Menschen beider Konfliktparteien steckt und das die Macht hat, die Realität zu verändern: 2006 nahmen 200 Menschen an diesem Abend teil, zum Treffen 2019 kamen schon 9000. 2020 in Zeiten der Pandemie nahmen über 200 000 virtuelle Besucher daran teil.

Die Geschichte des Staates Israel als Verwirklichung des zionistischen Traums ist trotz aller Widersprüche und Schwierigkeiten, die in diesem Buch geschildert wurden, eine Erfolgsgeschichte. Israel gehört international zu den wissenschaftlich und technologisch führenden Ländern und hat sich seinen Platz unter den Nationen gesichert. Darüber hinaus konnte Israel ein stabiles Friedensabkommen mit seinen beiden mächtigsten Nachbarländern Jordanien und Ägypten schließen. Trotzdem ist der Konflikt mit den Palästinensern heute nicht nur ein Aspekt der Geschichte, Gesellschaft und Kultur Israels unter vielen anderen. Er betrifft jeden Lebensbereich und beeinflusst – durch die finanziellen und gesellschaftlichen Kosten der Besatzung – die Sicherheit, die Wirtschaft, das Erziehungs- und Gesundheitssystem des Landes. Die Aussagen vonseiten der israelischen Regierung im Sommer 2020 über eine einseitige Annexion von Territorien im Westjordanland gefährden Israels Position in der internationalen Politik, aber auch seine Demokratie. Eine auf gegenseitiger Toleranz und Gleichberechtigung basierende Normalisierung der Situation beider Gesellschaften kann nur durch Zusammenarbeit gelingen, da es sich geographisch, emotional, politisch und ökologisch um ein Land handelt. Der langjährige Konflikt hat beide Gesellschaften und ihre Schicksale auf paradoxe Art und Weise untrennbar aneinander gebunden. So kann es für sie auch nur eine gemeinsame Zukunft geben. In diesem Sinne ist Israel Palästina und Palästina Israel.

Zeittafel

1882	Beginn der jüdischen Einwanderung nach Palästina
1897, Aug.	Erster Zionistenkongress in Basel
1909, April	Gründung von Tel-Aviv, der ersten zionistischen Stadt
1910	Gründung des ersten Kibbuz, Degania, am Ufer des Sees Genezareth
1917, Nov.	Balfour-Deklaration
1921, Mai	Unruhen von Jaffa
1925	Der «Bund zionistischer Revisionisten» («Brit Zionim Revisionistim») wird von Zeev Jabotinsky gegründet. Dessen Agenda richtet sich gegen eine Kooperation mit dem britischen Mandat und zielt auf die Verwirklichung des Zionismus, notfalls auch mit Gewalt. 1951 vereinigt sich der «Bund» mit der rechten nationalen Partei «Herut» unter der Führung Menachem Begins und bildet 1973 den Kern der rechtsliberalen kapitalistischen Fraktion «Likud», die 1977 die Wahlen gewinnt und 1988 zur Partei wird.
1929, Aug.	Unruhen im Land nach Konflikten um das Gebetsrecht an der Klagemauer. Am 23./24. August findet ein Massaker an der jüdischen Gemeinde Hebrons statt.
1930	Unter der Leitung David Ben-Gurions wird MAPAI («Mifleget Poalei Eretz Israel»), die Arbeiterpartei des Landes Israel, gegründet. Sie führt die Regierung von 1948 bis zum Sieg der Likud-Fraktion 1977. 1965 vereinigt sich MAPAI mit der Partei «Ahdut-Haawoda – Poali-Zion» und bildet die neue linke Partei «Hamaarach», die 1968 zur «Mifleget Haavoda» (Arbeiterpartei) wird.
1936–1939	Unruhen im Land, der sogenannte «große arabische Aufstand»
1937	Teilungsplan der Peel-Kommission
1942, 12. Febr.	Der Anführer der rechten Untergrund-Organisation «Lechi», Avraham «Yair» Stern, wird von britischen Polizisten erschossen.
1946, 22. Juli	Bombenanschlag der jüdischen Untergrundorganisation «Etzel» auf die Büros der britischen Mandatsregierung im King David Hotel in Jerusalem
1947, 29. Nov.	In der UN-Generalversammlung wird der Teilungsplan für Palästina angenommen. Die erste Phase des Bürgerkrieges

	im israelischen Unabhängigkeitskrieg bzw. der palästinensische «Nakba» beginnt.
1948, 9. April	Israelische Milizverbände begehen ein Massaker im arabischen Dorf Deir Yassin.
1948, 14. Mai	David Ben-Gurion trägt die Unabhängigkeitserklärung Israels im Tel-Aviv-Museum vor. Das britische Mandat endet, und die zweite Phase des Kriegs – zwischen Israel und fünf arabischen Armeen – beginnt.
1948, 22. Juni	Altalena Affäre: Bewaffnete Auseinandersetzungen innerhalb Israels zwischen der «Hagana»- und der «Etzel»-Fraktion
1950, 5. Juli	Die «Knesset», das israelischen Parlament, beschließt das Rückkehrgesetz.
1952, 10. Sept.	Das Luxemburger Abkommen (Wiedergutmachungsabkommen) zwischen Israel und Deutschland wird von Moshe Sharett und Konrad Adenauer unterschrieben.
1956, Okt. – Dez.	Suezkrise, in Israel «Operation Kadesch» oder «Sinai-Krieg» genannt, in der arabischen Welt als «trilaterale Aggression» bekannt
1959, Juli	Unruhen im Viertel Wadi Salib in Haifa, nachdem ein Polizist einem aus Marokko stammenden jüdischen Israeli in die Beine schoss. In den Protesten ging es um die Benachteiligung der Misrachim durch die Aschkenasi-Elite.
1961, 11. April	Eröffnung des Prozesses gegen Adolf Eichmann in Jerusalem
1963, Nov.	David Ben-Gurion tritt von seinem Amt als Premierminister zurück, ihm folgt Levi Eshkol.
1964, Juni	Das «Landwasserleitungssystem», das den Süden Israels mit Wasser aus dem See Genezareth versorgt, wird eröffnet.
1965, März	Aufnahme diplomatischer Beziehungen mit Deutschland
1966, Nov.	Abschaffung des Militärgesetzes, unter dem die arabischen Israelis seit dem Krieg von 1948 lebten
1967, 15. Mai	Nasser überquert mit seiner Armee den Suezkanal in Richtung Sinai-Halbinsel. In Israel beginnt die «Warteperiode».
1967, 5. Juni	Um 7.45 Uhr greifen israelische Flugzeuge ägyptische Flughäfen präventiv an. Diese Überraschungsaktion wird essenziell für Israels Sieg im Sechstagekrieg
1967, 5.–10. Juni	Sechstagekrieg, in der arabischen Welt als «Naksa» («Rückschlag») bekannt
1967, Juni – Aug. 1970	«Abnutzungskrieg» zwischen Israel und Ägypten am Suezkanal
1967, Sept.	Gründung des Kibbuz Kfar Etzion, der ersten jüdischen Siedlung im Westjordanland
1969, Febr.	Premierminister Levi Eshkol stirbt an einem Herzinfarkt. Ihm folgt im März Golda Meir.

1973, 6.–26. Okt.	Jom-Kippur-Krieg, auch als «Ramadan-Krieg» oder «Oktoberkrieg» bekannt
1974, April	Golda Meir tritt nach öffentlichem Protest zurück. Yitzhak Rabin wird Premierminister.
1976, 30. März	«Tag des Bodens»: Proteste nach der Enteignung arabischen Landes durch die israelische Regierung in Galiläa. Dieses Datum wird zu einem jährlichen Gedenk- und Protesttag für Palästinenser.
1977, 17. Mai	Der rechtsliberale Likud unter Menachem Begin gewinnt die Wahl und beendet damit eine fast 30 Jahre währende Ära linker, sozialistischer Arbeiter-Parteien.
1977, 19.–21. Nov.	Der ägyptische Präsident Anwar al-Sadat besucht zum ersten Mal Israel.
1978, 17. Sept.	Das Camp-David-Abkommen, ein Rahmenabkommen für Frieden im Nahen Osten, wird von Sadat, Begin und dem amerikanischen Präsidenten Jimmy Carter unterschrieben.
1979, 26. März	Unterzeichnung des Friedensabkommens zwischen Israel und Ägypten
1982, 6. Juni	Israel marschiert im Libanon ein: Beginn des ersten Libanonkriegs
1982, 16.–18. Sept.	Massaker der christlichen Falangisten in den palästinensischen Flüchtlingslagern Sabra und Shatila, die in Beirut unter der Aufsicht Israels stehen. Nach den Ereignissen demonstrieren in Tel Aviv am 25. September Hunderttausende Israelis gegen den Krieg. Die Demonstration führt zur Bestellung der Kahan-Kommission.
1983, 10. Febr.	Bei einer Demonstration der Friedenbewegung Schalom Achschaw, die den Rücktritt von Verteidigungsminister Ariel Sharon fordert, wird der Friedensaktivist Emil Grünzweig durch eine von einem Anhänger Sharons geworfene Handgranate getötet. Das ist der erste politische Mord innerhalb der jüdischen Bevölkerung Israels.
1983, Okt.	Menachem Begin tritt vom Amt des Premierministers zurück. Yitzhak Shamir wird neuer Premierminister.
1985, Juni	Die israelische Armee zieht sich aus dem Großteil des Libanon zurück, bleibt aber im Süden des Landes, um Israels nördliche Grenze zu sichern.
1987, 9. Dez.	Beginn der Ersten Intifada
1990, Aug. – Febr. 1991	Während des Zweiten Golfkriegs beschießt Saddam Hussein Israel mit Scud-Raketen.
1991, 30. Okt. – 1. Nov.	Nahost-Friedenkonferenz in Madrid
1992, 23. Juni	Die Arbeiterpartei gewinnt die Wahl. Yitzhak Rabin wird Premierminister.

1993, 13. Sept.	Oslo-I-Abkommen (Prinzipienerklärung)
1994, 26. Okt.	Friedensabkommen mit Jordanien
1995, 24. Sept.	Oslo-II-Abkommen (Interimsabkommen)
1995, 5. Nov.	Mord an Premierminister Yitzhak Rabin durch einen jüdisch-nationalen Fundamentalisten. Der bisherige Außenminister Schimon Peres wird Premierminister.
1996, 29. Mai	Benjamin Netanjahu wird zum Premierminister gewählt.
1999, 17. Mai	Ehud Barak wird zum Premierminister gewählt.
2000, Mai	Die israelische Armee zieht sich aus dem Südlibanon zurück.
2000, Juli	Verhandlungen zwischen Israel und den Palästinensern in Camp David
2000, Sept.	Beginn der Zweiten Intifada (Al-Aqsa Intifada)
2000, 1. Okt.	Heftige Proteste arabischer Israelis
2002, März – Mai	Operation Schutzschild
2002, Juni	Beginn des Baues der Sperranlage im Westjordanland
2005, Aug.	Rückzug Israels aus dem Gazastreifen
2006, Jan.	Premierminister Ariel Sharon erleidet einen Schlaganfall und fällt ins Koma. Sein Nachfolger ist Ehud Olmert.
2006 Juli – Aug.	Zweiter Libanonkrieg
2007, 27. Nov.	Friedensverhandlungen zwischen Israelis und Palästinensern in Annapolis
2009, 10. Febr.	Benjamin Netanjahu wird zum Premierminister gewählt.
2011, Juli – Sept.	Demonstrationen in Israel für mehr soziale Gerechtigkeit
2014, Juli/Aug.	Operation «Protective Edge» im Gazastreifen
2017, 2. Dez.	Die USA unter Donald Trump erkennen Jerusalem offiziell als Hauptstadt Israels an.
2018, 19. Juli	Das Parlament erlässt das Nationalstaatsgesetz.
2019, 21. März	Die USA unter Donald Trump erkennen offiziell die israelische Souveränität über die Golanhöhen an, die im Sechstagekrieg 1967 gegen Syrien erobert wurden.
2019/20	Politische Krise in Israel mit drei Wahlgängen innerhalb eines Jahres. In dieser Zeit hat Israel eine Übergangsregierung. Am 20. April 2020 unterschreiben die beiden größten Parteien – «Kachol-Lawan» (Blau-Weiß) und «Likkud» – einen Koalitionsvertrag. Das Amt des Premierministers soll im Wechsel von Benjamin Netanjahu und Benny Gantz ausgeübt werden.
2020, 24. Mai	Beginn eines Gerichtsverfahrens gegen Benjamin Netanjahu in drei verschiedenen Korruptionsaffären. Netanjahu ist der erste amtierende Premierminister in Israel, der vor Gericht steht.

Literaturhinweise

Benvenisti, Meron: Sacred Landscape. The Buried History of the Holy Land since 1948, Berkeley 2000

Brenner, Michael: Geschichte des Zionismus, München 2002

Brenner, Michael: Israel. Traum und Wirklichkeit des jüdischen Staates von Theodor Herzl bis heute, München 2016

Elon, Amos: Nachrichten aus Jerusalem. Reportagen aus vier Jahrzehnten, Frankfurt a.M. 1998

Morris, Benny: Righteous Victims. A History of the Zionist-Arab Conflict 1881–2001, New York 2001

Peters, Dominik: Sehnsuchtsort Sinai. Eine israelische Kulturgeschichte der ägyptischen Halbinsel, Göttingen 2018

Segev, Tom: 1967. Israels zweite Geburt, München 2009

Segev, Tom: David Ben Gurion. Ein Staat um jeden Preis, München 2018

Segev, Tom: Die Siebte Million. Der Holocaust und Israels Politik der Erinnerung, Berlin 1995

Senor, Dan; Singer, Saul: Start-Up Nation. The Story of Israel's Economic Miracle, New York/Boston 2009

Shapira, Anita: Israel. A History, London 2015

Shindler, Colin: A History of Modern Israel, Cambridge 2013

Strenger, Carlo: Israel. Einführung in ein schwieriges Land, Berlin 2011

Sznaider, Nathan: Gesellschaften in Israel, Berlin 2017

Zertal, Idit: Nation und Tod. Der Holocaust in der israelischen Öffentlichkeit, München 2011

Zertal, Idit; Eldar, Akiva: Die Herren des Landes. Israel und die Siedlerbewegung seit 1967, München 2007

Literarische Texte

Ali, Taha Muhammad: An den Ufern der Dunkelheit. Gedichte aus Palästina, Frankfurt a.M. 2013

Almagor, Gila: Der Sommer von Aviah, Frankfurt a.M. 1997

Amichai, Jehuda: Jerusalem-Gedichte, Zürich 2000

Amir, Eli: Jasmin. Roman, München 2007

Appelfeld, Aharon: Der Mann, der nicht aufhörte zu schlafen, Berlin 2011

Avnery, Uri: In den Feldern der Philister. Meine Erinnerungen aus dem israelischen Unabhängigkeitskrieg, München 2005

Breaking the Silence. Israelische Soldaten berichten von ihrem Einsatz in den besetzten Gebieten, Düsseldorf 2012

Farhat-Naser, Sumaya: Disteln im Weinberg. Tagebuch aus Palästina, Basel 2007
Friedman, Matti: Pumpkinflowers: A Soldier's Story, London 2016
Grossman, David: Der gelbe Wind. Die israelisch-palästinensische Tragödie, München 1988
Grossman, David: Eine Frau flieht vor einer Nachricht, München 2009
Hareven, Shulamith: Stadt vieler Tage. Sarahs Jerusalem, Frankfurt a.M. 1996
Johnson, Penny; Shehadeh, Raja (Hg.): Seeking Palestine. New Palestinian Writing on Exile and Home, Northampton MA, 2012
Kanafani, Ghassan: Rückkehr nach Haifa. Roman aus Palästina, Basel 2008
Kaniuk, Yoram: 1948. Roman, Berlin 2013
Kenan, Amos: Der Weg nach En Harod. Roman, Augsburg 1987
Oz, Amos: Eine Geschichte von Liebe und Finsternis, Frankfurt a.M. 2004
Oz, Amos; Shapira, Avraham: Man schießt und weint. Gespräche mit israelischen Soldaten nach dem Sechstagekrieg, Frankfurt a.M. 2017
Rabinyan, Dorit: Wir sehen uns am Meer. Roman, Köln 2016
Shamir, Moshe: With his own Hands, Jerusalem 1970
Shehadeh, Raja: Wanderungen in Palästina. Notizen zu einer verschwindenden Landschaft, Zürich 2008
Yishar, S.: Ein arabisches Dorf, Frankfurt a.M. 1998

Filme

Preminger, Otto: Exodus, USA 1960
Kishon, Ephraim: Salah. Oder: Tausche Tochter gegen Wohnung, Israel 1964
Lanzman, Claude: Warum Israel (Pourquoi Israel), Italien-Frankreich 1973
Barabash, Uri: Jenseits der Mauern, Israel 1984
Bukai, Rafi: Avanti Popolo, Israel 1986
Dayan, Assi: Life According to Agfa. Nachtaufnahmen, Israel 1992
Mer-Chamis, Juliano: Arna's Children, Israel-Niederlande 2004
Folman, Ari: Waltz with Bashir, Israel-Frankreich-Deutschland 2008
Riklis, Eran: Mein Herz tanzt, Israel 2014, Drehbuch: Sayed Kashua
Dotan, Shimon: The Settlers, Israel 2016
Yedaya, Keren: Red Fields, Israel 2019 (basiert auf der Rockoper *Mami* aus dem Jahr 1986)

Online Ressource

Das historische Narrativ des Anderen kennen lernen. Palästinenser und Israelis, Peace Research Institute in the Middle East, Beit Jallah 2009: https://www.berghof-foundation.org/fileadmin/redaktion/Publications/Other_Resources/PrimeTextbuch.pdf

Personenregister

Abbas, Mahmoud 128, 134
Abdallah I., König von Transjordanien 33, 35
Abu-Lughod, Lila 45
Achad Haam (Ascher Ginsberg) 18 f., 24
Adenauer, Konrad 76
Agranat, Schimon 92, 94
Alexander II., Zar 11
Ali, Taha Muhammad 44
Almagor, Gila 72
Alterman, Nathan 41, 83
Amichai, Jehuda 7
Appelfeld, Aharon 74
Arafat, Jassir 105 f., 118 f., 124, 128
Argov (Orkabi), Zohar 104
Ashkenazi, Motti 94
Assad, Hafez el- 92
Avnery, Uri 135
Avni, Chaim 69
Balfour, James 17, 25 f.
Banai, Ehud 60
Barak, Ehud 110, 117, 124
Bar-Lev, Chaim 88, 93
Barzilai, Netta 7 f.
Begin, Menachem 19, 37, 50, 59, 64, 77, 95, 97, 101 f., 105–109, 122
Begin, Zeev Benjamin 122
Beilin, Yossi 127
Ben Ami, Shlomo 124
Ben-Gurion, David 7, 19 f., 27–31, 35, 37, 47, 50 f., 56, 63, 70, 101
Benvenisti, Meron 133
Bergmann, Hugo 24
Bernstein, Leonard 87
Bischara, Asmi 125
Biton, Erez 103 f.
Bukai, Rafi 98 f.
Bush, George H. W. 118
Bush, George W. 127 f.
Carter, Jimmy 103
Chaplin, Charlie 99
Clinton, Bill 119, 124
Dau, Salim 99 f.
Dayan, Moshe 17, 38, 47, 80, 84, 94 f.
Dayan, Rachel 80
Dayan, Ruth 80
De-Nur, Yechiel (Ka-Zetnik) 72
Deri, Arje 120
Deutscher, Isaac 40
Dosh (Kariel Gardosh) 83
al-Durra, Muhammad 125
Eban, Abba 83
Eichmann, Adolf 71 f.
Elkana, Yehuda 73
Elmaliach, Chen 62
Elon, Amos 102
Eshkol, Levi 63, 78–80, 89
Farhat-Naser, Sumaya 130
Fuchs, Camil 55
Galron, Nurit 113
Geffen, Yehonatan 95
Gemayel, Baschir 106 f.
Gemayel, Pierre 106
Goldmann, Nahum 89 f.
Gorbatschow, Michail 118
Gordon, Aharon David 65
Goren, Schlomo 86
Gouri, Haim 72, 82
Grossman, David 111, 123
Grossman, Uri 123
Grünzweig, Emil 109
Gur, Motta 101

Haddad, Suhel 100
Hareven, Shulamit 109
Hausner, Gideon 71
Hefer, Haim 96
Hershkowitz, Hava 69
Herzl, Theodor 11–14, 30
Hitler, Adolf 19, 79, 106
Hussein, König von Jordanien 78 f., 81, 93, 106
Hussein, Saddam 118
al-Husseini, Abd al-Kadir 32 f.
al-Husseini, Mohammed Amin 22, 25 f., 32
Isakova, Anna 61
Jabotinsky, Zeev 19, 23, 123
Kahan, Yitzhak 108 f.
Kanafani, Ghassan 43
Kaniuk, Yoram 43
Kauffmann, Richard 16
al-Kawukdschi, Fausi 32
Kenan, Amos 110
Kishon, Ephraim 82
Kohn, Hans 24
Kollek, Teddy 75
Kook, Zvi Jehuda Hacohen 96
Leef, Daphni 68
Lennon, John 50
Levin, Hanoch 88
Lieberman, Avigdor 57
Mahler, Gustav 87
Marx, Karl 66
McCartney, Paul 50
McDonald, Ramsey 25
Meir, Golda 30, 63, 89 f., 92–94, 101 f.
Morris, Benny 42, 46, 102
Moses 13
Muhammad 119
Nasser, Gamal Abdel 47–49, 79, 83, 88 f., 91, 105
Nathan, Shuli 76
Nes, Adi 116 f.
Netanjahu, Benjamin 57, 67, 120, 123, 132
Olmert, Ehud 128
Oz, Amos 84, 123
Peel, William Robert 26, 29
Peres, Schimon 120
Peters, Dominik 105
Pinsker, Leon 11
Poliker, Yehuda 72
Porat, Yehoshua 22
Rabbo, Jassir Abed 127
Rabin, Yitzhak 37, 63, 79 f., 87, 90 f., 95, 113, 117, 119–121
Rosner, Shmuel 55
Rotberg, Roi 47
Rotblit, Yaakov 90
Rothschild, Edmund de 14
Rothschild, Lionel Walter 17
Sadat, Anwar al- 89, 91 f., 97, 100–103
Sansour, Larissa 45
Schneerson, Menachem Mendel 120
Scholem, Gershom 20, 24
Segev, Tom 42
Senor, Dan 115
Shakespeare, William 98
Shamas, Anton 100
Shamir, Elik 41
Shamir, Moshe 41, 83
Shamir, Yitzhak 118
Sharet, Moshe 47, 76
Sharon, Ariel 46, 94, 97, 106–109, 120, 124, 127 f.
Shemer, Naomi 75 f.
Shindler, Colin 127
Shlaim, Avi 42
Singer, Saul 115
Stalin, Josef 18, 50
Stern, Abraham (Yair) 27
Tartakover, David 114
Thant, U 79
Trump, Donald 8
Weizmann, Chaim 25
Yizhar, S. (Yizhar Smilansky) 42
Yovel, Hanan 95
Zeevi, Rechavam 126
Ziv, Talia 109
Zur, Muki 80